静水流深

JING SHUI LIU SHEN

JING SHUI LIU SHEN

◎ 甘肃省重点文艺创作资助项目

◎ 兰州石化职业技术学院审订

静水流深

——兰州石化职业技术学院成长的脚步

何　华◎著

甘肃人民出版社

图书在版编目(CIP)数据

静水流深 ：兰州石化职业技术学院成长的脚步 / 何华著. -- 兰州 ：甘肃人民出版社，2016.3
ISBN 978-7-226-04929-7

Ⅰ. ①静… Ⅱ. ①何… Ⅲ. ①兰州石化职业技术学院－校史 Ⅳ. ①G719.284.21

中国版本图书馆CIP数据核字(2016)第062214号

出 版 人：吉西平
责任编辑：马晓燕
封面设计：王林强

静水流深
——兰州石化职业技术学院成长的脚步
何华 著
甘肃人民出版社出版发行
(730030 兰州市读者大道568号)
兰州石化职业技术学院印刷厂印刷
开本787毫米×1092毫米 1/16 印张15.25 插页2 字数235千
2016年4月第1版 2016年4月第1次印刷
印数：1~5 000
ISBN 978-7-226-04929-7 定价：36.00元

引 子

烟花三月，陇上江南，缤纷的柳絮湍急着挤满了天空，山野草泽的自然气息缭绕心扉，站在清凌凌的黄河上游，我流连不去。但这静养闲散的季节毕竟不归我任性挥霍，我还有任务摆在眼前。经好友冯冬平先生帮助，住在爽朗明净的刘家峡，打开随身自带的笔记本电脑。

想起了 2013 年 6 月 24 日，农历夏至第三天。

我所在的学院领导齐刷刷坐在会议室一端，我独坐于另一端。“给你一个任务，写一部关于学院 60 年来发展变化的报告文学……”随着主要领导话语的推进，顷刻间，大量的汗珠从我的体内溢出，直往外冒，不知道是夏至的威力，还是内心虚火过旺，我涨红着脸，强摁住急速跳动的神经。

一年多来，这样的情形时时萦绕于我的眼前。

拿什么来回报学院的信任，拿什么来感激学院的培养，又拿什么来表达学院史诗般的辉煌历程?

我在思考。

从第一届校友梁国仁、王对安娓娓叙述的语气和对母校眷恋的眼神里，我看到了学院的灵魂和力量；

从 80 届校友严生、李浩放动情回忆的神态和对事业执着追求的毅力中，我感到了学院的荣光和意义；

从06届校友曹晓桃、张恒珍端坐于北京万人大会堂参加党的十八大的欣喜中，我感到了学院的崇高和使命；

从老教师，从老领导，从那些滔滔不绝的记忆和对美好岁月的留恋中，我感触到学院的厚重和沉淀……

他们带着萌发的记忆，带着风雨的经历，在明媚的春光里迎接含苞的花蕾，在多彩的夏日里护卫绽放的花朵，在绮丽的秋色里陪伴累累的硕果。

穿越在校史资料的文字里，徜徉于岁月的历史烟云。多少往事，多少荣光，都一幕幕从眼前略过。愈是这样的走入，愈是生发我对兰州石化学院无限的景仰和尊崇！

1956年春天，中国人的工业化梦想在滚滚的春雷声中终于变成了现实。这一年，经过数百次勘探、选址后，党和国家决定，在兰州以西18公里处的西固区，建设新中国的第一个大型现代化炼油厂和第一个化学工业基地，这是国家“一五”计划的重点工业建设项目，也是新中国实施、发展自己民族工业企业的开端。从此，在祖国石油化工的光辉史册中，便诞生了两个无比显赫的名字——“兰州炼油厂（兰炼）”和“兰州化学工业公司（兰化）”。兰炼和兰化就这样在西固落地生根，它不仅承载着国家的希望、肩负着民族的梦想，还为我国的工业化建设提供了源源不断的动力。

西固，这个名不见经传的小地方便载入了共和国工业建设的史册。国家将要在这个一穷二白的地方，建设完整的工业化体系。

然而，刚刚建立的共和国百废待兴，在最需要自力更生的时候，兰炼和兰化的建设却出现了技术人才极度匮乏的窘境。

怎么办?

紧要关头，党和国家当机立断：

作为“一五”配套工程，建设兰州石油学校和兰州化工学校（兰州石化学院前身）。

应势之需，为国为民。

开枝散叶，惠泽八方。

从此，兰州石油学校和兰州化工学校便肩负起党和国家的使命和历史的重任，与共和国一起，与陇原人民一起，与广大石化人一起，一路披荆斩棘，一路风雨兼程，一路高歌猛进，迎接进步，迎接开拓，迎接辉煌。

兰州是“一五”“二五”和三线建设时期，国家重点建设的城市。两个学校就是在这样的背景下在兰州诞生的。

兰州石油学校和兰州化工学校的诞生，不仅承担了培养专业技术人才的重任，而且还为新中国的国家工业职业教育进行着艰辛探寻。它曾经为兰炼、兰化、大庆石化、北京燕山石化、上海石化、天津石化、黑龙江哈尔滨炼油厂、湖南长岭炼油厂、湖北荆门炼油厂、山东胜利炼油厂、浙江镇海石化、福建炼油厂、呼和浩特炼油厂、南京扬子石化、齐鲁石化、抚顺石化、河南洛阳炼油厂、独山子炼化等等华夏大地所有能叫出名字的新建炼油厂和石化企业输送了大量的技术人才。“哪里有炼油厂，哪里就有兰州石油学校的学生”“哪里有化工厂，哪里就有兰州化工学校的学生”成为风靡一时的美谈。

1959 年 9 月 26 日，在国庆 10 周年前夕，一条爆炸性的新闻从祖国东北传向了全世界：我国探明并发现了大庆油田！大庆油田开发的意义不亚于“两弹一星”。试想，若没有石油，将意味着什么？这时，石油人才的需求又是愈加急迫！

人才，人才！

急需的还是人才！

20 世纪 60 年代，特别是在“苏联专家撤走”之后的日子里，一大批兰州石油学校和兰州化工学校培育的人才临危受命，扛起了民族的脊梁。

就甘肃而言，石化工业占全省工业三分之一比重，在全省经济发展中具有举足轻重的作用。2014 年，甘肃石化产业完成工业增加值 639.9 亿元，占全省工业比重 30.9%。而这些石化企业中的半数以上中层干部和技术人员都来自兰州石化学院。学院对甘肃省的巨大贡献可见一斑。

夜以继日，日以继夜。学校是工厂，工厂是学校。

梦如春花，梦如秋茧，一个民族的梦想弥浸在每一个兰州石油学校和兰州化工学校人的心头。

兰州两校首开新中国工业职业教育之先河，为祖国石油和化学工业建设做出了历史性贡献，在新中国炼油工业和化学工业发展史上写下璀璨光辉的一页……

虽然艰辛，但弦诵不绝。

当21世纪的曙光普照神州大地的时候，两校携手，强强联合。1999年以来，焕发一新的兰州石化学院和祖国同步，她迎来了历史上发展最快、进步最好的时期。充满朝气的团队，踏实敬业的领导，追求卓越的办学理念，敢为人先的创新机制……一下子把两校合并以来的优势发挥到了极致！全国文明单位，全国首批28所重点建设示范性高职高专院校，中国职业教育杰出校长，全国科研杰出校长，全国毕业生就业工作“星级示范学校”，中国十大最具特色高职院校，中国十大最具就业力高职院校，中国石油和化学工业文化建设先进单位，全国高职高专院校科研工作先进单位，首届甘肃十大杰出职业院校，全国黄炎培职业教育优秀学校等等，凡是能够叫出名字的全国性奖项一律尽收囊中。

跻身一流，奋翅而腾骧。不辱使命，拼搏显风采。

“当面临困难和挑战的时候，他恒久地保持着执着和激情；当面对成绩和荣誉的时候，他冷静地分析着危机和不足。他把创新当快乐，把事业当追求。他引领着学院迈进了国家首批示范性院校行列，并一举成为甘肃省高等职业教育的品牌。”这是在表彰全省职业教育先进个人时，授予兰州石化学院院长张方明教授的颁奖词。

这不仅是对张方明个人的肯定，更是对兰州石化学院的肯定。

兰州石化学院在祖国第一座现代化炼油厂和第一个化学工业基地开工建设的隆隆机器声中诞生，从兰州市西固区一个叫作马耳山和元岿山的山坡下出发，已经走过了整整60年。

60年，对于一个学校来说，不算太长；但对于一个人来说，已经不短了。

60 年来，一代又一代石化学院人精勤进取，笃行不倦，他们用忠诚与智慧，开拓高职教育的新天地，拓展高职教育的新内涵。

他们不是战士，但像战士一样冲锋陷阵；

他们不是农民，但像农民一样精耕细作。

在祖国工业化建设的每一个时间段，都留下了石化学院人的脚印；

兰州石化学院的每一个辉煌成就，都浸透着广大教职员工的心血。

他们不为别的，为的是不负众望，不辱使命；为的是成就国家石油和化学工业发展的壮丽伟业；为的是让党放心，让人民满意。

新中国在成长，石化学院在成长。

一所学校能够成长在祖国最需要的艰难时期，壮大在祖国快速发展的辉煌时刻，这该是何等的幸运与自豪啊！用句俗语表述，那就是，她一生下来即带有贵族的血脉。她的发展历史就是国家工业职业教育的发展史，她的成长与进步，给无数同类院校的发展提供了借鉴和示范。她为国家工业化建设提供了智力支撑和人才保障，她参与并见证了新中国完整的工业化建设全过程，见证了共和国石油和化学工业建设的波澜壮阔，也见证了甘肃工业企业发展的艰苦卓绝。

她被誉为新中国石化工业职业教育的“共和国长子”。

她把国家的需要变成学校的使命。

兰州石化学院的历史，是一个民族和国家静水流深的职业教育记忆。

给这样一所具有光辉历史的学校写书，顿感压力和体面共存，心路成长与学院认知一体。

站在历史的远方，凝望学院的未来。

人们在思考。

这样一所老牌的职业院校，面对风起云涌的升本潮，面对前赴后继的改名风，目睹比她晚的学校都已成为本科，比她师资弱的学校也更换了校名，而她依然默默坚守在我国高职教育的主阵地，探寻并实践、引领着我国高职教育发展的途径。坚持，而不随波逐流。她在国家急需人才的最困难时期，发挥极大的能动性培养了一批批优秀的技术人才；在国家职业教育大发展时期，发挥示范引领作用并提供了很多成功的经验。这种内敛和务实的品格，是一种淡然的心境，是一种历经磨难之后的沉淀，是沉淀后的思考与感悟，是感悟后的收获。

这就是长子的风范、长子的气概啊！

这不就是“静水流深”吗？

我也在思考。

何以表达学院厚重的60年呢？

搜求爬梳，反复咀嚼。我想到了精神，一部文学作品，首要的并不是华丽的辞藻或故弄玄虚的技巧，而是给读者以精神引领，没有精神深度的文学作品是没有任何价值的。基于此，我着力寻觅60年来主导学院发展的精神，这种精神就是学院的魂。

何谓学院的魂？

面对这样的问题，我唯恐孱弱的笔触摸不到岁月的本真，领悟不透流深的跫音。尤其面对我工作和成长的学院，还真有些“近乡情怯”之感慨，因为我对学院怀有极其淳朴的感情和敬畏的情愫。

喧嚣渐去，夜色四合。

用心听雨滴，用眼看历史。

溯源寻踪，以古衬今，凸显学院的发展成就；

纵横交织，点面结合，彰显学院的发展特色；

记叙交融，史论兼备，展示学院的发展规律。

走进历史，倾听兰州石化学院行走的脚步，就能够唤起我们心中的那份担当、那份情怀，还有那股催人奋进的正能量。

人有了精神，才有内涵和后劲，学校也一样。

历史是由无数个人的生命记忆构成。鲜活的记忆，多彩的画面，终究不会随着个体生命的消失而永远离去，我们试图通过采访、循迹，把它留存于校史记载的文字里，使其发芽、吐蕊、绽放。

在历史文献中，当事人的记述往往比后人编写的文字更加真实。当事人的口述能够展示更多原生态的细节，供人们从现象层面去挖掘，能够填补历史的空白。因为个人的命运都是具体的，要展示具体的个人命运，而不是把个人消化在模糊的群体之中，尤其一些不为人知的历史，存贮于个人的脑海里，只有充分地挖掘并展示，才可能使读者感受到历史深处真实的脉动，才让历史更加丰富多彩，才能使岁月的样貌得以保留。而学院主要领导的认知程度又远胜于一般人，他们是重要事件的关键人物和知情者，他们的回忆价值更高，且具有特殊的史料价值。故此，笔者写作前对凡见证石化学院创业、发展重要节点的一些教职员工做了采访，同时，还特别走访了各个时期部分学院领导。领导，是引领学院前进的领路人，他们设计、导航并熟知学院发展的全过程。

这是学院的奋斗史，也是国家的奋斗史，更是石化学院每一个人的奋斗史。个人奋斗加国家情怀，才能彰显伟大时代的荣光。

接下来要做的便是，诚实记事、诚心言情、诚意抒怀。

不期黄钟大吕、搏激励志，但求尺幅兴波、微雨湿花。

“我多么想再回一次母校，看看她的颜容；我多么想再回一次母校，濡浸她给予的能量。让我们和母校一起把自己的命运与祖国的命运紧紧相接，把我们的呼吸与祖国的呼吸深深连通。”“尽管我只不过是旷野草根，但我和我的祖国紧紧拥抱，然后化为泥，化为蝶，以母校重塑于我们的生命，在那金秋的十月随风飘扬……”

听，这就是石化学院 10 万余名毕业生集体发出的声音，这无数学子情真意切的话语，使我们感受到那亲切质朴的爱国情怀和一种凛然铿锵的浩然正气！

这不正是我们要寻找的石化学院人身上的味？这种味不正是石化学院的魂吗？这种魂不会因时代的变迁而过时，只会持久地根植于石化学院的过去、今天和未来。

静水流深

目录

第一章　新松高千尺

第二章　光风霁明月

第三章　春潮起宏图

第四章　桃李闹春风

第一章

新松高千尺

春天的荣耀

2015年2月28日，北京人民大会堂金色大厅，春意融融，华灯璀璨。习近平总书记等党和国家领导人在这里亲切地接见了兰州石化学院院长张方明教授等人。这是张方明作为国家文明单位的甘肃省唯一代表赴京参会并领奖的历史镜头。这一幕被闪亮地定格在兰州石化学院发展的史册上，被骄傲地闪烁在石化学院师生的记忆中。

这是春天的荣耀，这是春天的喜悦。

全国文明单位，是国家的最高荣誉！这是莫大的荣耀，这是学院的荣光！这凝聚着兰州石化学院人太多太多奋斗的汗水，标志着党和国家太多的肯定和赞誉。

这一刻，每个兰州石化学院人的心头都滚过阵阵春意，都浸润春花初放的幽香。

其实，漫卷着春天喜悦的花蕾是在严寒中孕育的。只不过，惊蛰虫鸣，天边雷动，顷刻间把开花的意愿化为浓浓春意，点染了天空和大地。地下的春潮终于涌上了地面，浸漫着，流动着，原先的潜流变成了阳光下荡漾的春波。漫长的积淀顿时化为春天的蓓蕾。

站在历史的制高点，携带崇高的荣誉，张方明明白，兰州石化学院人也明白，这鲜花和掌声的后面凝结的是多少年来的艰辛和探索，是多少年来的拼搏和追求啊。在喜悦中沉静思考，在挫折中从容面对。这是石化学院人长久以来形成的一种习惯。

这时，万千的思绪潮水般向每一个石化学院人涌来，任凭其遨游、畅想……

上溯至1956年，新中国第一个石油和化学工业的职业教育基地草创之初，兰州石油学校和兰州化工学校的先贤们在荒山旷野建校舍，忍饥挨饿备教案，他们实现了4月破土动工当年8月就招生的历史创举，以大无畏的气概完成了国家下达的培训任务，及时补充了石油和化学工业用人之急需，受到了时任党和国家领导人的高度赞扬。

追溯到1960年，长达10天的全国文教群英大会在北京隆重召开，学校收到了开国总理周恩来亲自签名的请柬和代表证，副校长陈鸿璠代表学校进京参会；1960年6月13日，中共中央机关报《人民日报》在头版位置刊登全国文教群英光荣榜，学校的名字赫然在列；随后，共和国石油部副部长刘波专程来校召开现场会议，总结勤俭办学先进经验，并在全国推广。

回眸2006年6月3日，时任国家教育部长周济院士，在中共甘肃省委副书记陈学亨、副省长李膺的陪同下，专程来到兰州石化学院视察。视察完校舍、实训基地后，周济部长对西部有这样高水平的高职院校表示惊叹。

2003年4月7日，《甘肃日报》头版头条报道了兰州石化学院的办学经验，并配发短评《值得借鉴的办学经验》予以推广。

2007年7月25日晚，中央电视台新闻联播第3条播出学院办学经验，引起社会的巨大反响。

2006年，兰州石化学院一跃成为全国首批28所示范性高职院校。俗称全国高职高专院校的“211”。

2009年，兰州石化学院被授予中国十大最具特色的高职院校。

……

那灵魂高扬的雄鹰就在我的头顶盘旋；

那美丽的彩虹犹如吉祥的天语在雨后的苍穹展现。

突然，热血灌顶，眼前一亮，瞬间好像有股清泉缓缓地注入了我干涸的心田。

沧海横流，激情澎湃。

历史的天空，总有一些相似的星光交相辉映；

历史的长卷，总有一些耀眼的辉煌催人奋进。

再现一幕幕场景，再拾一串串足迹，总有一种燃烧的梦想，让我们前赴后继。

历史的际遇

工业化是中国人心中的一个梦。这个梦从甲午战争数百年以来，一直活在中国人的心头，那就是对现代化社会的向往，对伟大民族复兴的期待。

追求未曾却步，探索仍在继续。

开国领袖毛泽东主席也有一个宏大的“工业化梦”。

工业化是指一个国家或地区社会经济活动由农业生产为主，向工业生产为主的社会经济的转变发展过程。工业化程度变化，也主要反映一个国家或地区国民经济产业结构的变化。因此，工业化，是一个国家和民族经济发展的必由之路，是国力的标志，是富民的保证。

“工业化梦”是国家的梦。国家的梦当然属于大梦。实现大梦，就要全国从精英到众生，上上下下梦到一处。有共同的梦想，才有共同的未来，才能凝聚起无穷无尽的让梦想成真的创造力。

新中国的工业化进程始于1953年开始执行的国民经济发展第一个五年计划时期。当时的中国，并没有沿用其他国家一般采用的轻纺工业起步的工业化道路，而是采取了重化工业起步的超常规发展道路，实行“优先发展重工业”的战略。“赶超”的强烈意识是采取重化工业战略的基本动因，而苏联的发展模式又似乎提供了一个可学习、可借鉴的“榜样”。为了尽快实现“赶超”目标，我国采取了比苏联更猛烈的强制性积累，试图在远比苏联落后的基础上跨越轻纺工业阶段而建立重化工业体系。在经济制度上，建立了高度集中的计划管理体制，创建了大量的国有企业，以保证能够通过高积累的方式集中大量建设资金，进行大规模的重化工业投资和建设。工业高度集中的计划管理体制迅速延伸到整个经济系统，从而形成了在中国执行了30多年的计划经济体制。就此意义上讲，计划经济体制与重化工业起步的工业化战略存在着逻辑上的因果联系。

就这样，在这一时期，中国用了近30年的时间，初步构造起了独立、相对完整的工业体系，工业化进程也由起步阶段逐步进入了初级阶段。这就是改革开放之前的工业化道路。

1956年，毛泽东主席这样描述自己的梦：自从盘古开天辟地，我们不会制造汽车，不会制造飞机，现在我们都能造了。但没有油啊！这些汽车和飞机只能躺在库房里。

领袖的焦虑，百姓的期盼，都集中在一个词语上，那就是：石油！

“贫油”，这时候已经成了实现中国工业化道路挥之不去的阴影。

怎么办？

国家决定要建设自己的炼油厂和化工厂。

领袖们便把专家邀请到中南海，语重心长委以重托。

周恩来总理、李富春副总理带队远赴苏联寻求建厂技术援助。

专家们分头奔赴全国各地实地勘探遴选厂址。

最终，国家把建设亚洲最大的现代化炼油厂和化学工业基地都选在了甘肃兰州的西固区！

理由是，兰州西固依偎黄河，地势开阔，水文和工程地质条件比较优越，工业用水方便；兰州位于祖国大陆地理版图的正中心，西距玉门油田800公里（当时，国家的原油产量是以玉门油田为主），东出600公里便可达中国中、东部地区的石油消费市场，运输方便；同时，兰州至宝鸡的铁路已经建成运营，兰新线正在向西加速延伸，与玉门油田接轨指日可待。届时，油田、炼厂、市场以铁路运营之势即将成型；兰州地处西北，也具有重要的战略意义。

于是，党中央和国家有关部委运用高度集中的计划经济体制模式，集中动员、组织全国的优势资源来支援甘肃；

党中央、国务院制定了“调配全国技术力量支援兰州城市建设和工业建设”的方针。

人们终于看到，一场规模浩大的中国工业化建设在兰州西固掀起了高潮。

1956年3月20日，兰州合成橡胶厂和化肥厂破土动工了；4月28日，兰州炼油厂也举行隆重的开工典礼。空旷寂静了几千年的西固城一下子沸腾了，鞭炮轰鸣，鼓乐冲天。在党中央支援大西北的号召下，来自祖国各地四面八方的建设大军，纷纷奔赴黄河岸边的建设工地。

前期的大规模土建等基础性建设，即使简单的劳动力也可以进行，但随着工程的进展，专业技术人员奇缺的问题就摆在了眼前。

实际上，对于这个问题，党和国家早就做好了准备。

1955年10月，石油工业部在批准筹建兰州石油学校时专门附了很长文字的一个批文。在档案馆里，我找到了原文，石油部附加的批文这样表述：“新中国成立以后，随着社会主义建设发展的需要，新兴石油工业的加速发展是国家工业化的重要内容之一，积极准备技术力量是石油工业的一项主要工作。因此，与在兰州地区新建一座新型的石油加工厂的同时，在其附近相应设立一所石油中等专业技术学校，以便培养有关天然气石油加工方面的中等技术干部，满足炼油厂以及西北地区天然气石油加工厂的需要，可在兰州炼油厂建成后对学生的生产实习、教师进修实习及炼油厂职工业余学习获得极有利的条件，这样将更能促进该校教学方面的理论与实践密切结合起来。”

这是多么详尽的批示啊！即使在60年后的今天，再来看看此批文，仍然能够感受到诞生这所学校的意义，也仍然能够感受到富有极强操作性的办学方向。

1956 年 4 月，兰州石油学校破土动工。

1956 年 8 月，来自吉林、河北、四川和甘肃等地的 400 多名新生踏进泥土坯子未干的校舍，开始了他们“为祖国献石油”的知识学习征程。

试想，仅短短的 4 个多月时间，就能够在一片荒滩上建成了相当规模的教学办公楼、实习工厂、食堂和教职工家属宿舍。

靠的是什么？

靠的是一种精神，靠的是一种激情。

｜建校初期师生边建设边上课

当时，按照“先生产后生活”的建设原则，建设者们发扬艰苦奋斗精神，嚼咸菜、啃干粮、喝苦水、住帐篷……那样的艰苦是不可想象的。在那激情燃烧的年代，教职工们革命的理想高于天！他们不分昼夜，自己搞设计，自己加工制作零部件，自己安装施工。勤俭办学已经成为当时的一种风尚，人人都把能为祖国增砖添瓦看成是一种崇高的行为。

什么力量最大？美善的力量最大，人民通过劳动体现出来的美善能量和天地一样大，和江河一样大！这就是推动时代前进和给民族带来希望的强大动力。

| 师生参加建校劳动

1956 年 9 月 16 日，伟大的中国共产党第八次全国代表大会在北京隆重召开，举国上下一片欢腾！此时，远在祖国西部的兰州石油学校正在举行首届学生开学典礼，这是全体师生给党的八大献上的厚礼！借着八大的喜庆，师生们欢聚在新建的校园，畅想人生美好的未来，憧憬祖国美好的明天。

1956年9月15日，几乎是在同一天，与兰州石油学校相距1.8公里的兰州化工学校也举行了隆重的开学典礼。根据国家重工业部的指示，兰州化工学校也实现了当年筹建、当年招生、当年开学的目标。来自辽宁、甘肃等地的学生，将围绕兰化急需的氮工艺、有机合成工艺、人造橡胶工艺和化工机械装备等4个专业来学习。教工住工棚，带家眷的住西固旅馆，校园没有围墙，课堂连着农田，上课在工棚，吃住在工棚，开学典礼也在工棚。但师生们怀着为建设新中国而努力的信念，以苦为乐，志气昂扬。

从此，兰州石油学校、兰州化工学校就肩负起了为国家培养石油和化学工业人才的重任。

这是历史的选择。

石油和化学行业涵盖了重要的能源和原材料工业，是国家的基础产业，它关乎相关产业的振兴和国家的工业化进程。

使命崇高，责任重大。

梦暖苦生香

因为百废待兴，所以勇往直前。

因为肩负使命，所以不遗余力。

面对热火朝天的建设工地，面对日新月异的巨大变化，兰州石油学校和兰州化工学校以不辱使命的责任、饱含激情的劲头，夜以继日，日以继夜，培养着工厂急需的技能人才，有些老师甚至深入工地现场，投入到火热的建设之中。

1958 年初，《人民日报》发出社论提倡勤工俭学，这是春天的号令，这是党中央的召唤。兰州石油学校、兰州化工学校积极响应。两校把勤工俭学拓展到大办工厂、大搞生产、厂校合一，一场声势浩大的全面进行教学改革、实行厂校合作办学的活动迅速达到了高潮。

“学校不仅是一个学校，而且是一个厂子。”

“兰炼、兰化不仅是一个厂子，也是一个学校。”

“学生是工人，工人是学生。”

这就是新中国最初工业职业教育路径的大胆探索！

1958 年春天，兰州石油学校师生组成的生产安装队迎着漫天的风雪挺进荒凉的克拉玛依，师生们将要在这里参加我国第一条长距离地下输油管线的修建工作，这条管线是从克拉玛依延伸到独山子。节气分明已是春天，可是，在这里，举目望去还是一片冬天的苍凉。天空是昏暗的，大地是沉寂的，残雪未消，老树依旧，就连四处活跃的麻雀也是三三两两，无精打采地贴着地皮飞过。经历了一个漫长冬天的克拉玛依人早已经习惯了姗姗来迟的春天。他们身上依然裹着厚重的棉衣。其实，克拉玛依原本就是一片戈壁荒滩，四季风多雨少，没有一条河流可以从此流过，只缘于这块荒漠似的土地下有着丰富的石油，才有了这座戈壁滩盐碱地上的城市。师生安装队来到的时候，这里的生活用水都要用运水车从很远的乌尔禾运来，就那么一点水，早上洗了脸还要留着洗衣服，哪有多余的水来洗脚洗澡。冬天将尽，一场接着一场的风没完没了地吹过，克拉玛依的春天竟然毫无令人幻想的余地。真是“春到二月天更寒，孤悬塞外伴苍烟”。在这样的环境中，学校师生安装队里有人冻破了脸，冻肿了手，但他们却高唱着“我为祖国献石油”，硬是按要求高质量地完成了这段输油管线的建设任务。

不仅如此，师生生产安装队其他成员还分赴兰州炼油厂，远去山西榆次建油库，走进甘肃窑街、华亭等地千吨以下煤炼厂安装建设。那时候的冬天好冷，师生们拥挤在竹板房里简陋的床上，抵御吼叫如烈马似的西北风，却温暖着黄河苍老的思绪；那时候普遍缺粮，师生们支撑着因饥饿而虚弱浮肿的身体，力争早日出产中华民族的“争气油”，他们的精神使古老的黄河为之肃然。他们如山，横看成岭，有厚度；竖看成峰，有高度。脚踏泥泞黄土，身披风霜雪雨，在没有任何机械化的条件下，靠人拉肩扛，比原计划提前完成了任务，他们就这样用人格加事业躬行着以爱国主义为核心的民族精神。他们把金色的向往相约成信仰的标志，多少人在铿锵的誓言下，为此抛洒过奋斗的血汗。学校的实习工厂改为生产车间，生产法兰、电机、铆焊等产品支援兰州石油化工建设。哪里有生产，哪里就是课堂，师生边生产，边学习，遍地开花，全面培养人才。师生们穷昏昼，忘饥渴，不敷衍塞责，不得过且过。

在这样探索的主导下，学校勤工俭学和技术革新活动，引起了全社会的极大反响。仅兰州石油学校在当年就开展各类技术革新项目 120 多项，生产出合格产品多达 20 种。学校被评为甘肃省和宁夏回族自治区两省联合表彰的先进单位。

1958 年，在兰州市“比领导作风、比教学改革、比勤工俭学、比发明创造”的四比评选中，兰州石油学校获得第一名。1960 年 5 月，又被甘肃省人民政府评选为教育系统先进单位。1960 年 6 月 2 日，学校领导代表学校出席在北京隆重举行的全国文教群英大会。1960 年 6 月 13 日，《人民日报》在头版位置刊登全国文教群英光荣榜，兰州石油学校赫然在列；随后，共和国石油部副部长刘波专程来校召开现场会议，总结勤俭办学先进经验。

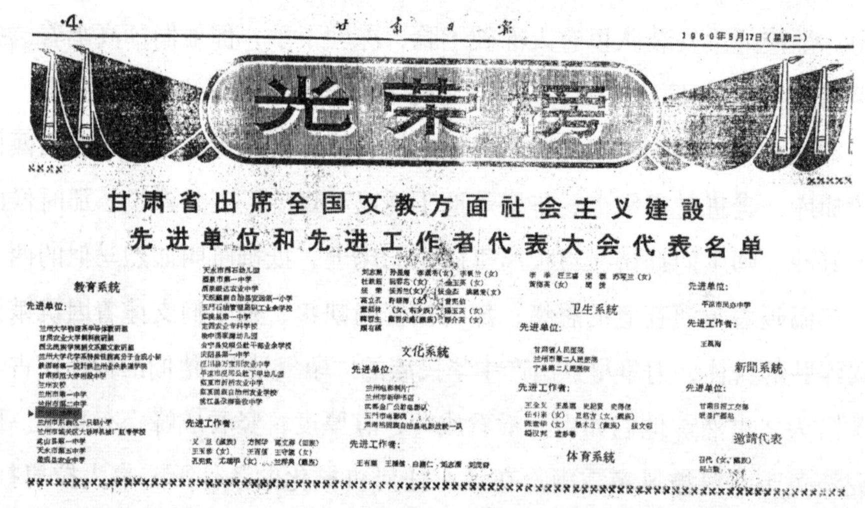
·4· 甘肃日报 1960年5月17日（星期二）

光荣榜

甘肃省出席全国文教方面社会主义建設先进单位和先进工作者代表大会代表名单

教育系統

先进单位：

先进工作者：

文化系統

先进单位：

先进工作者：

卫生系統

先进单位：

先进工作者：

体育系統

先进单位：

先进工作者：

新聞系統

先进单位：

邀請代表

| 兰州石油学校被甘肃省人民政府评选为教育系统先进单位

值得一提的是，这样喜人的成就，竟然是在国家三年困难时期取得的！可想而知，师生们付出了何等艰辛的努力和代价啊！一种信仰和精神的力量，使他们在困难中没有倒下，在希望中愈加强大。为建设新中国而激情燃烧的人们在夜以继日地挥洒着汗水。

此刻，我突然想起杜甫的诗句，“新松恨不高千尺”啊！

1961 年的一天，兰州炼油厂二车间走廊，不知道是谁喊了一声：“周总理来了！”

顿时，现场的工人们情绪被点燃了，整个车间一下子就沸腾了。

兰州炼油厂炼油技术专家胡菽兰看到，总工程师龙显烈不停地向总理讲着什么，讲着讲着就上了电梯。上电梯后很久没有下来，胡菽兰以为电梯出了什么故障问题，吓得她赶紧敲电梯门，这时候，电梯门突然开了，正好胡菽兰面向电梯。陪同考察的兰州炼油厂厂长徐今强顺势给周总理介绍："总理，她叫胡菽兰，是兰炼龙头装置炼油厂二车间副主任，是研制95号航空汽油的功臣。"

总理问："你是哪里人啊？"

"我来自辽宁大连。"

"哪所学校毕业的啊？"

"大连工学院。"

"啊！你还是科班出身呢！你爱人在哪里？"

徐今强赶紧插话："他们夫妻还'牛郎织女'呢！"

"还两地分居？这怎么行呢？！"

当听到胡菽兰的爱人陈恩海是大连工学院化工系主任，校方坚决不放人时，总理说，我看还是把他的爱人调到这里来吧！西北建设需要这方面的人才。

随即，周总理告诉身边的秘书："你给辽宁省委去个电话，让大连工学院把陈恩海给放了。"

就这样，在周恩来总理视察兰炼时，亲自协调辽宁省委把陈恩海从大连工学院调到兰州石油学校。后来，陈恩海做了校长，他把当时在大连工学院时的教育教学理念注入兰州石油学校，使学校在工科教育教学的方法上得到了极大的提升。一直到1987年，陈恩海才在学校离休。2011年，因为撰写兰州石化报告文学的缘由，笔者有幸在北京采访过老校长，年近九旬的陈校长深情地回忆道，在三年困难时期，只有等学生放了寒假，学校才勉强给仅有的一栋宿舍楼教工住宿的两个单元输送暖气，因为经常停水、停电，煤炭又供应不足，所以暖气不是很热。如果遇上了长时间停电，教师们就用蜡烛燃烧出的火焰去烤热暖气管线，生怕暖气管线被冻裂维持不了哪怕是仅有的一点温度。创业之难，难以想象。

原石油学校基建科长赵年成仍清晰地记得，在三年困难时期，学校组织大家开荒种地，挖野菜摘草籽，搞“三硬一软”活动，师生们靠洋芋、萝卜及甜菜这“三硬”和白菜“一软”来维持生活。由于长期吃不到粮食，大多数师生出现了浮肿现象，有人甚至得了肝炎。但大家坚持学习的劲头仍然一以贯之。

兰州化工学校为了应对生活困难的局面，在天祝、西固幸福台、跃进大队和兰工坪等建立了农业生产基地，开垦荒地 700 亩，种植谷类和蔬菜，全年共收蔬菜 10 万斤，土豆 8500 斤，谷物 500 斤，挖野菜，供师生充饥。由于长期的营养不良，许多人罹患肝病、胃溃疡、浮肿等病，为此，学校及时建立营养灶。总之，能想到的办法都想了，师生并肩协力度过这段艰苦的日子。

说起那时的困难，早已退休在家的 60 届毕业生周蕴仍滔滔不绝。她说，白天，他们班同学去陈官营刨大白菜，刚从地里挖出来的白菜，既湿又重，背不成、扛不得，就挺着肚子抱着白菜回学校。吃完白菜就算是吃了饭。之后，再前往兰炼厂区的地沟掏废油。晚上，集中起来听老师讲课学习。那时，难是难，但同学们还是乐呵呵的，心头充满了向往。

为了应对困难，国家发出“压缩机构，精简人员”的号召。原石油学校将 175 名教职员工缩减为 66 人；原化工学校将 179 名教职员工缩减为 60 人。在严峻的考验面前，两个学校的职工队伍非但没有垮下来，而且经受了锻炼，提升了思想品质。

1963 年，随着国民经济的好转和石油化工的快速发展，国家大规模补充调整两校师资力量。

1963 年，石油工业部将玉门石油学校内燃机专业整体并入兰州石油学校，该专业教师和教学设备一同调入；

1964 年，石油工业部将河北承德石油学校的炼油专业并入兰州石油学校，该专业部分教师和教学设备一同调入；

1965 年，石油工业部将天津石油学校炼油专业全体教师整体调入兰州石油学校。

与石油学校相邻的化工学校也按照化工部有关精神加紧扩充师资力量。

1963 年，化学工业部给学校引进 15 名教师；

1964 年，国家从兰州大学、北京化工大学、武汉化工学院的应届毕业生中，给兰州化工学校分配了 23 名新生来校任教；

1964 年，国家又给兰州化工学校分配了 17 名应届大学毕业生来校任教，同时设立化工仪表专业。

此时，适逢国家“三线建设”战略布局迅猛推进时期。所谓“三线建设”，是指 1964 年中共中央针对严峻国际形势和中国东西部经济发展不平衡状况做出的重大战略决策。是在毛泽东主席直接领导和部署下进行的。毛主席指出：“要争取快一点把后方建设起来，三五年内要把这件事情搞好。后方建设起来，敌人如果不来，也没有什么浪费。”他认为，三线是一个阵地，一、二线是一个阵地，以一、二线的生产来支援三线建设，也就是沿海工业支援内地工业，使内地工业逐步赶上沿海工业的发展水平。当时所说的一、二、三线，是按我国地理区域划分的，即沿海地区为一线，中部地区为二线，后方地区为三线。三线分两大片，一是包括云、贵、川三省的全部或大部分及湘西、鄂西地区的西南三线；一是包括陕、甘、宁、青四省区的全部或大部分及豫西、晋西地区的西北三线。

兰州处于西北三线腹地，由于地理位置、自然环境有利于备战，又具有丰富的能源资源和矿产资源，理所当然成为国家三线建设的重点地区之一。“三线建设”在中国西北、西南掀起新一轮工业建设的高潮，特别是在“三线建设”中所体现出来的“自力更生、艰苦奋斗”的创业精神和为国家、为人民无私奉献的精神，是中华民族优秀的文化遗产。中国社科院当代中国研究所研究员陈东林长期进行三线建设的研究。他认为，艰苦创业、无私奉献是三线精神的内核，在信仰方面树立了一面旗帜；同时，三线精神也是一种创新精神，从白手起家到市场经济条件下的自谋出路，适应改革发展的需要，三线建设是中国工业化的缩影。

正是投身洗礼且濡染的这些优良传统，才奠定了兰州石化学院日后良好校风形成的基础。

1964年，上海石油化工厂迁往兰州，成立西北化工厂；

1965年，青岛染料厂、青岛油漆厂和天津染化五厂部分车间迁往兰州，成立兰州化学工业公司有机厂。

随着兰州三线工业骨架的初步形成，需要更多建设的技术人才，由此，国家给兰州化工学校增援了相当规模的师资力量。

至此，两个学校师资力量得到空前的加强，办学条件得到进一步的改善，办学特色更加鲜明，两校进入了历史发展的鼎盛时期，老师们在努力为我国石油化工事业培养一大批高质量建设人才。尽管条件很差，尽管生活很苦，但师生们为了心中的中国石油化工梦想和祖国工业化梦想而激情满怀地奉献着自己的全部。

曾在兰州石化工作生活了近50年，经历了兰州石化建设发展全过程的兰州石油学校老校长陈恩海的爱人胡菽兰颇有感慨。她说，兰州石化的成功既在于有倾举国之力、各方支援、通力协作的社会主义优越性，还在于有一支政治素质高、技术过硬的设计、施工及科研、生产队伍。她至今仍清楚地记得，1966年6月向党组织写的请战书上的一段话："亲爱的党啊：请你相信我吧，让我到大西北去，滚一身泥巴，炼一颗红心。"可见当年建设兰州石化的场面何其壮观：10多万建设大军，每个人都精神饱满，斗志昂扬。在条件异常艰苦的环境中，他们坚持依靠科学技术，依靠自力更生来建设石油事业。胡菽兰说："这种精神是中华民族精神的一个组成部分，这种敢于为国担当的精神永远不能丢。”用陈恩海的话说，“真正体会到人生的真谛——人生的意义在于奋斗，人生的价值在于奉献”。

兰州石化成为中国式现代化道路的一个典型，她以其独有的贡献从根本上解决了我国人民的吃饭和穿衣问题。大化肥的投产，为解决人民群众吃饭问题做出了历史性贡献；化纤工业快速发展，不仅使我国于1984年取消了布票制度，而且使以棉织物为主的产品结构发生了转折性变化。她又成功地探索出了一条中国式的工业化道路。

当年，全国支援兰州石化。而兰州石化从建成的20世纪60年代到90年代，又向全国各地输送出各类技术骨干和管理人才10余万人，其中省部级干部33人。从而实现了从“全国支援兰州石化”到“兰州石化支援全国”的重大历史转变。

在这些兰州石化建设的人才大军中，兰州石油学校和兰州化工学校的贡献极其特殊而重要，有一大部分技术骨干都来自于两校。那一代人付出了艰辛的努力，也收获了甜蜜与幸福。

一代人有一代人的光荣与梦想，一代人有一代人的际遇和烙印。

无论时代如何变迁，个人的梦想只有与国家的梦想、民族的梦想相通，才能梦想成真。

苍茫复苍茫

天有不测风云，人有旦夕祸福。当摆脱了饥饿的纠缠，两校师生正意气风发趁此大好形势甩开膀子大干的时候，席卷全国上下的“文革”风暴疯狂地刮了起来。

一时间，全国苍茫，教育苍茫，学校苍茫复苍茫。

当热心守望三尺讲台的老师们正在点燃知识的火种时，突然间，他们像入鞘的刀，收敛了蓄势待发的光芒。

初春的北京，乍暖还寒，微风迎面，雾霾猖獗。经过长安街到复兴门，我走进陈恩海老校长的家。老校长坐在沙发上，语气缓慢地给我讲述：那时，谁也没有料到“文革”的夺权之风这么快就刮到了学校，致使学校全面陷入了瘫痪状态。兰炼军管组决定，将兰州石油学校与安宁十里店的兰炼工读学校（即后来的培黎石油学校）合并，校址迁于安宁十里店，校名更改为兰炼工人技术学校。原兰州石油学校校址被分为兰炼职工医院、兰炼机械厂军工连和兰炼中学等三部分。校舍没有了，老师被调离了，学校自然也就不复存在了。但教师还住在原兰州石油学校家属宿舍，这样，老师们每天就要挤公共汽车从西固奔赴安宁，由于当时公共汽车少，乘坐的人多，再加之中途还要倒换一次车，所以，老师到学校劳动或上班，光路上就需要一个半小时，特别在冬天，早上 6 点天未亮就得往车站赶，晚上快 8 点了才能回家，一天两头不见太阳，疲惫不堪。

乱云飞渡，黄河奔流。

这一时期的兰州化工学校更惨不忍睹，虽然校舍保住了，没有被抢占，但也遭受了空前的浩劫和人员伤亡。据2006年出版的《兰州石化职业技术学院校史》记载，1966年6月3日，兰州化工学校就开始张贴大字报，把教师列为“排查”对象，教师被打成“牛鬼蛇神”，被批判，被侮辱，被折磨。随之，停课闹革命，进京“串联”；随之，兰化公司军管组进驻学校，成立专案组；随之，全校140名教职工中，21%的人被揪斗，23%的人被抄家。更有甚者，1名教工被摧残致死，1名学生被关进“牛棚”，含冤而死……当一朵朵花蕾正在期待鲜艳绽放的时候，就这样夭折了！

人们陷入了一片迷茫。学校陷入了苍茫。

那段历史，有太多的眼泪，有太多的苦难。任何一个人都没有解脱的超然，只有沉重的惘然。

“林花谢了春红，太匆匆。无奈朝来寒雨，晚来风。”

谁识心头焰

2014年盛夏，退休赋闲在京的梁国仁老师来兰避暑。梁老师是学校首届毕业生，原中国石化集团公司人事教育部高级讲师，他以优异的成绩留校工作多年。闻讯后，我邀约他讲述其在校工作期间一些难忘的经历，梁老爽快应诺。访谈中，他说得最多的是兰州石油学校历史上唯一的一位女校长李杰。他说着，我听着、记着，一种崇高的敬意油然而生。我顿悟，在学校历史的链条上，有位叫李杰的校长是十分重要的链接者，她把热爱学校的赤诚化为一团熊熊的烈焰，燃烧在心头。她是投身祖国工业职业教育先驱者的缩影。

1964年2月15日，春寒料峭。一位个头不高、穿着朴素的妇女走进学校，四十岁上下，一头乌黑浓密的短发闪闪发光，犀利的目光放射出无穷的智慧。门卫老大爷看傻了，急忙迎上前问道："同志，你找谁?""老大爷，我是新来这个学校工作的。"老大爷又重新打量一番这个女同志，从形象上看，眼前的这个人虽然穿着不怎么样，但气度不凡！于是，大爷忙不迭地说："请进，请进!"只见这位女同志径直走上了教学楼，随后，又在学校绕了一大圈，她细致地看了看这个新的工作环境，并和许多群众交谈着。

她，就是石油部委派来的新任校长兼党总支书记李杰。

不坐小车，不用人接，也没有欢迎仪式，新校长就这样不声不响地上了任。

初来乍到，李杰校长的心情久久不能平静。她想得最多的是：“石油部把这个学校交给了我，我用什么办法来带领全校师生呢?”她想起了在革命战争年代，自己还是八路军的“红小鬼”时，就领教过毛主席老人家的法宝：凡事都要从调查研究入手。

于是，她夜以继日与中层干部一个接一个谈话；

于是，她随身带着笔记本，深入课堂、科室、教研组、实验室、操场等场所，广泛听取意见；

于是，她尽可能详尽地掌握着大量的第一手资料。

然后，她会同陈恩海、潘青云两位副校长，共同来分析学校的优势和薄弱环节。她说：“我在东北石油学院工作了近 3 年。那个学校学习大庆油田的思想政治工作经验和一整套严格管理的做法是完全可以借鉴的。”

随后，李杰向两位副校长介绍了大庆油田大会战和东北石油学院的一些情况。

随后，学校决定，由李杰给全校师生做一次报告。

1959 年 9 月 26 日，我国东北黑龙江省发现了一个特大油田，正好赶上了中华人民共和国成立十周年庆典的重要时节，因此被命名为“大庆油田”。大庆油田的发现给国家和人民带来了极大的希望和鼓舞！20 世纪 60 年代，国家抽调以甘肃玉门油田老劳模王进喜（也称“铁人”，著名的“铁人精神”因他而命名）为代表的全国精英们奔赴东北，开展了轰轰烈烈、声势浩大的大庆油田大会战！就在我国举全国之力开发大庆油田的时候，石油部长余秋里将军高瞻远瞩，他提出，要在大庆油田办一所东北石油学院，为石油工业建设培养高层次高质量人才。1961 年 8 月，李杰奉命调入东北石油学院参加筹建工作，她被任命为学院党委宣传部长兼团委书记，并进入学院党委领导班子。当时，东北石油学院挂牌不久，只有一栋三层楼，建校任务十分繁重。当务之急，一定要在 9 月 1 日如期开学。李杰提出：“从开学第一天起就应该从严要求，新生报到率达 60%就可以开学，一个班有 3 个学生也开课，晚报到 3 天的学生要给纪律处分。”她的这个倡议得到班子成员一致赞同。接着，进行广泛宣传动员，确保了入学新生达 1500 名，大大超过了预计的人数。1961 年 9 月 1 日，东北石油学院如期开学。师生员工全住在“干打垒”里，这样的条件和油田工人一样艰苦。那时，正赶上了国家三年困难时期，粮食定量低，营养差，很多人患了浮肿病。学校组织学生到农场捡黄豆，20 多天捡回 10 万斤，渡过了难关……

李杰校长在台上做报告，师生们在台下使劲鼓掌，充满热血的报告给师生们增添了无穷的干劲。由于李杰在东北石油学院主抓学生思想政治工作，所以，她的报告中加入了许多引人思考的典型案例。

李杰校长来到兰州石油学校不久，便遇到了三件事，让她有所触动。

第一件事是，李杰刚到校的第一天走进教室，就看到了一个女生坐在地上流眼泪，经打听，才知道仅仅是因为不愿意调换座位。此刻，她想，一个连座位都不愿意调换的学生，毕业后怎么能服从国家分配去艰苦的地方呢？由此，她萌发了一个想法，李杰想到学生的思想政治工作一定要加强，学生的政治素质一定要提高。

第二件事是，李杰在学校党总支办公室找不到人，两名总支干事天天到地里去劳动，有事得到田间地头去找。由此，她认为，政工干部参加劳动是必要的，但总不能放下工作天天去劳动。政工干部应深入教学第一线，围绕教学工作开展思想政治工作。

第三件事是，李杰来到某专业课教研组调研，向一位老教师询问教材情况，经过了解，基础课、专业课基本都有教材，但使用的教材尚无现成，是老师边讲边编，主要靠学生记笔记、编印补充讲义来完成学习任务的。由此，她认为，教学的基本建设还很薄弱，应当加强。

这三件事对李杰触动很大。在一次全校教职工大会上，李杰校长讲大庆经验时，重点列举了上述三件事。她建议大家，要对照大庆经验找差距、提措施。由于李杰讲话实实在在，切中要害，因此，大家一致反映李校长讲得有水平、挺内行。

| 现场教学

是的，对于中等专业教育而言，李杰确实是行家里手。她虽第一次到兰州石油学校任职，但却是第三次到石油中专学校当校长。在这之前，有北京石油地质学校和乌鲁木齐石油学校领导工作的实践经验，再加之革命战争时期抗大和鲁迅艺术学校学习的亲身体会，李杰校长虽刚到兰州石油学校，但已经游刃有余了。尽管如此，她仍然极其谦逊地认为，培养人的工作是非常艰苦而复杂的，来不得半点懈怠。她一切从零开始。李杰同陈恩海、潘青云同志统一了思想认识，结合学校具体的形势，遂以学习大庆精神作为学校工作的主线开展工作。

她提出加强思想建设，学“两论”，以革命理论武装师生员工头脑，以“两分法”总结成绩，找出差距，发动教职工为办好学校献计献策；

她要求加强组织建设，把专业科改为专业队，党支部建在专业队，政工干部下到专业队，由党员担任班主任，把政治思想、教学和学生管理工作融为一体；

她强调加强队伍建设，树“三老四严”作风，自觉从严，从上到下建立岗位责任制，把各项工作纳入规范化管理。

同时，以“三项建设”为龙头，带动全盘工作，进行了多项改革。

以储运专业为试点，从农村招收了一批学生，提高其整体素质，改变以往主要从城市招生的做法。

以专业队带动班级、教研组，在教师中开展教书育人的活动，在学生中发展党员，围绕教学开展思想教育工作，较好地解决了政治工作和教育工作两张皮的问题。校风、教风、学风实现全面好转。

以教学为中心，建立健全了教学计划、教学大纲、课时授课计划，建立年轻教师试讲、领导和教师听课、观摩学习制度，使教师在讲好一堂课上狠下功夫，提高课堂教学质量。

她还因陋就简，盖了平房实验室，利用有限的资金购置了一批教学仪器及设备，发动教师到兰炼搜集废旧设备和教具实物，并充实实习工厂，加强了实践教学环节，提高学生动手能力。

现场教学

充分利用毗邻兰炼方便的有利条件，组织师生下厂劳动、参观、实习，使教学与生产实际密切结合。

这段时间，是兰州石油学校的发展历史上被公认为最好的时期之一。学校在石油部组织的各类教学大比武活动中，均受到一致好评。李杰校长也赢得了师生员工普遍的尊敬和爱戴。

但是，谁也没有料到，来势凶猛的“文化大革命”，使一所好端端的学校遭到了前所未有的大洗劫！

停课闹革命，大串连，造反，夺权，抄家，打砸抢，横扫“牛鬼蛇神”，批斗“走资派”，还有“清理阶级队伍”，“一打三反”，“评法批儒”，一直到“反击右倾翻案风”，政治运动一个接一个。是非混淆，黑白颠倒，越搞越乱，乱了自己，乱了学校。

兰州石油学校的正常秩序被彻底搞乱了。雪上加霜的是，学校又被下放、被合并。

1969 年 8 月，学校被强行搬迁至黄河北岸的安宁区十里店，与兰炼工读学校（其前身是培黎石油学校）合并，改名为兰炼工人技术学校。原校区被兰炼职工医院、兰炼中学、兰炼机械厂军工连分割占用，教师流失严重，财产损失殆尽。作为校长的李杰，看在眼里，痛在心里。

那段时期，李杰先后被迫“结合”到学校革委会任主任、副主任。当时既有兰炼军管组派来的军代表，又有“永远占领学校”的工宣队，她实际上大权旁落。

在这以后的很长时间里，李杰承受着巨大的精神压力。

作为校长，她失去了对学校的指挥权和决策权；

作为妻子，她承受着在抗日战争中结成的革命伴侣被审查的压力；

作为母亲，她看不到在外地接受“再教育”的儿女们。

欲知此夜愁多少，试问街前长短更。

有多少个夜晚，李杰都怔怔地望着天花板，她陷入了痛苦的思考之中。

她想到 15 岁就参加八路军那会儿，翻山越岭躲避敌军枪林弹雨的惊险；

她想到不满20岁就从事敌后小学教育的时候，在简陋的校舍里除了把学校办好外还要动员群众抗日的艰辛；

她想到30岁就从中国人民解放军57师转业到主政北京石油地质学校的时候，带领一班人迁徙新校舍、整肃新秩序、播种好传统的拼搏；

她想到33岁从北京石油地质学校奉命进疆主持筹建乌鲁木齐石油学校的时候，根据民族地域特点进行职业教育探索的闯劲……

孤单的月亮圆圆地高悬在天边，它承载着人类多少梦想和寄托啊！

想着，想着，李杰突然想到1952年2月，中央把她所在的中国人民解放军第十九军五十七师改编为中国人民解放军石油工程第一师时，毛泽东主席亲自签发的命令："你们过去曾是久经锻炼的有高度组织性、纪律性的战斗队，我相信你们将在生产建设的战线上，会成为有熟练技术的建设突击队。你们将以英雄为榜样，为全国人民，也就是为你们自己的，未来的幸福生活，在新的战线上奋斗，并将取得辉煌的胜利。"

顿时，一股电流穿击全身，她终于说服了自己：要沉着，要坚韧！

自己毕竟是从15岁就参加革命的"红小鬼"，在艰苦的革命战争年代，随军打日本鬼子、打反动派时，连死都不怕，还怕困难？现在受点委屈、受点挫折又算得了什么！从寒风刺骨的东北到大漠荒烟的新疆，她向来都是听从党的召唤。因为在她的心里，始终相信党、相信群众，这也是长期以来她能够在困境中屡获成功的秘籍和所坚守的信念。

"文革"进入火热阶段，李杰从不被动接受简单粗暴的结论（诸如学校党总支是"黑总支""XXX是死不悔改的走资派"等等），也不迎合某些人的政治需要而违心地表态。激进分子让她清扫大楼，她可以干，但让她在违反政策、出卖原则的条子上签字，她坚决不干。她做着她应该做的工作，这在当时的环境中是多么难能可贵啊！这透出的是她政治上的坚定性，身处逆境的气质折射出她高尚的人格。难怪学校的三大群众组织，不管是"反"她的，还是"保"她的，都对她都表现出一种心照不宣的好感和尊敬。

其实，李杰心急如焚的倒不是她个人要怎么样，而是她对兰州石油学院前途的担忧。在逆境中，她想起在北京召开的石油部干部会议上周文龙副部长同她的谈话："兰州石油学校是一所具有光荣历史的学校，部里决定派您去当校长兼党总支书记，党政大权集于一身，责任重大啊！"可现在学校被占用，被拆散了，拿什么向石油部交代啊！这个问题一直盘旋在她的脑际，有时候甚至把她折腾的寝食难安。她的心底里始终有恢复原兰州石油学校的打算，尽管她不敢向任何人透露，但私下里，她却在悄悄地为此目标而筹划，而奔波。

主意一定，招数也就来了。

李杰决定，兵分两路：

一路扎营在西固区老校址，李杰征得兰炼军管组的同意，在原校址尚未被挤占的几间教室和实习工厂的几间平房里为兰炼办起了工人学习班，以便巧妙地守住学校的最后一块"阵地"；

另一路进驻安宁区十里店校址，扩建实习工厂，盖了一批厂房，招收了 200 名工人，建成电机、阀门两条生产工作线，还上了精密铸造项目，因建设速度快，产品质量好，石油部制造局在这里召开了全国现场会议。

甘肃省燃化局看到学校实习工厂技术力量雄厚、设备齐全、产品质量好等一系列优势后，提出要把学校改为省属工厂。这一改就意味着原兰州石油学校和原培黎石油学校这两所学校将被撤销。

在学校面临何去何从、生死存亡的严峻时刻，李杰勇敢地站出来，顶住了强大的压力，冒着巨大的政治风险，一举做出了令所有人都震惊的决定：进京汇报，请求上级主管部门仲裁！

1972 年 5 月的一天，李杰亲自率领副校长陈恩海和教务科干事梁国仁踏上了东去的列车。到达北京的当天，李杰等三人就受到了徐今强副部长的亲切接见。徐今强是兰炼初建时的功臣，他在兰炼的建设和管理等方面贡献卓著。后来，他奉调主持大庆油田大会战工作，是他把在兰炼时自己创造的管理方法带到了大庆，形成了惠及至今的著名的“大庆精神”，到现在，这种精神仍然作为中国工业战线的精神文化财富被发扬光大。所以，徐今强对当时的学校非常了解，不仅如此，他的夫人唐亚芳当年还担任学校党委副书记。听了李杰校长关于学校遭遇厄运以来的情况汇报，本来就对学校富有特殊感情的老首长极为震惊，他异常坚定地说：“兰州石油学校过去办得相当不错，是国家少有的一所为石油工业服务的学校，为国家培养了不少人才，这是必须肯定的。我认为，目前不但不能撤，还要继续办好！”他越说越激动：“学校改工厂不合适！兰炼占用学校的校舍应还给学校。”徐今强望着李杰等人说：“我个人意见，请你们多住几天，拿个文件回去，好和有关部门交涉。”李杰简直不敢相信自己的耳朵，她紧紧握着老领导的手，声音发颤地说：“谢谢老首长！我们绝不辜负您的信任，一定要把石油学校办好！”

五月的阳光，五月的鲜花。走在北京的大街上，李杰一行感到了一种前所未有的温暖和鼓舞。他们在北京等啊等，一直等了 40 多天，终于拿到了国家燃化部的红头文件。原因是，在“文革”那样的特殊环境中，国家燃化部的正常工作秩序也被打乱了，要办成一件事也是相当不容易啊。

燃化部的文件明确指出：“根据全国教育工作会议精神和石油工业的发展需要，兰州石油学校还应继续办好。为了办好学校，这几年兰州炼油厂从学校调出的桌椅、仪器、教具、设备和占用学校的校舍，原则上应归还学校，调出的教师也应根据教学需要陆续调回。为了有利于教学、生产、科研三结合，原西固和十里店校舍由学校统一安排使用。”

一纸红头文件，就是一把尚方宝剑。

兰州石油学校的命运由此发生了重大转机。

李杰校长激动得手舞足蹈，长久以来压在心头的所有不愉快一扫而光。她带着陈恩海和梁国仁像打了胜仗的英雄一样凯旋。

兰炼表示，坚决执行石油部文件精神，并为学校的恢复积极创造条件。

1973 年，阔别了 6 年的兰州石油学校迁回原址，十里店学校更名为兰炼石油学校附属工厂。

濒临关闭的兰州石油学校能在原址上得以恢复，真是一个奇迹！

李杰校长为了学校的生存，将个人安危、荣誉、得失等都置之度外，她以共产党人的胆识和勇气，赴京请示，是学校发展史上的功臣。

徐今强副部长以战略家的远见卓识，一言九鼎，挽救了兰州石油学校，值得我们永远怀念和爱戴。

兰州石油学校的再生，增添了今日兰州石化职业技术学院的辉煌。

消息传开，兰州石油学校的师生对李杰校长产生了异乎寻常的崇拜，她的粉丝不亚于如今的当红明星。

李杰校长的历史功绩必将永远闪耀在兰州石化学院发展的岁月长河。

1975 年 4 月，李杰校长在兰州石油学校工作了整整 11 个年头。这一年，她奉命调往北京燃化部石油勘探开发规划设计科学研究院任职。

在兰州火车站，数十位教职员工自愿前来送行，李杰紧紧握着大家的手，依依惜别，她脸上挂着难以割舍的眷恋。

“再见，同事们！”

“再见，老校长！”

望着远去的列车，许多人眼里噙满了泪水。

眼泪掉落，是因为触动了内心深处最柔软的地方，勾起了人生的回忆。

李杰从事国家工业职业教育的时间占据她人生的很长时段。巍峨太行山根据地，金色首都北京，白山黑水大庆油田，天山脚下乌鲁木齐，黄河岸边兰州，都铭刻着她为祖国职业教育日夜奔走的探求精神，她创造性地把红军的优良传统和吃苦耐劳的品质融入工业职业教育之中。

太行山郭家峧村的乡亲们仍然惦记着八路军“先生”李杰，难忘她亲手播下的知识火种；

北京石油地质学校的校友们想念他们的老校长李杰，感谢她把解放军的好传统、好作风引进学校，使一批又一批的优秀毕业生在祖国石油勘探事业的艰苦环境里茁壮成长；

乌鲁木齐石油学校的师生们感恩首任校长李杰，感谢她创造了民族地区职业教育新方法，使毕业生成为又红又专的时代楷模；

东北石油学院没有遗忘草创之初的老宣传部长和团委书记李杰，是她把著名的大庆精神培植于校园土壤，造就了“我为祖国献石油”的一代新人；

兰州石油学校也不会忘记老校长李杰，是她用解放军的革命传统和大庆精神哺育了一批批石油工业的后备军；尤其在十年动乱期间，她又以共产党员的钢铁意志和聪明才智，挽救了濒临撤销的学校。

李杰人生的一个又一个闪光片段，令我感动。我在思忖，她那柔弱娇小的外表下，包含了一颗多么伟大而刚烈的内心啊！

如果你是一条江，你的不舍昼夜奔流赴海，与青春无关；

如果你沉醉于夜，那份安详和静谧，与花月无关。

但你自身的美好，只与你的本真有关，与形容无关，与修饰无关，与自身以外的世界无关。

李杰许多质感的细节和生命的体验，远远比以上这些笨拙的文字还要丰富，还要生动。

青春有念想

有些事情说起来也蹊跷。

2011年4月初，我在赴京采访的飞机上，遇见了原兰州石油学校退休老领导周育才。问及，去北京燕山石化。再问，他的学生邀请他去玩几天。看他那一脸的得意，同机乘客中，有人即刻流露出羡慕的神情，有人在小声嘀咕：还是做老师有成就感啊！

周育才说，他教的学生遍布全国，哪个石油化工企业都有他的学生。听我要写兰州石化，他更是来了兴致。他说，他的学生在兰州石化最多，而且很多都是处长或技术骨干。我查了一下资料，他说的没有错。原兰州炼油厂的校企合作，从1956年就开始了，当时，主要是和兰州石油学校（即兰州石化学院前身）合作，石油学校为兰炼培训技术工人、选派老师到兰炼参加课题攻关，石油学校学生在兰炼下厂实习。到60年代后，这种合作培训又进一步加大了力度。这一时期，周育才刚好大学毕业来到石油学校，他赶上了。

1965年大学毕业后，周育才毅然报名来到祖国大西北兰州石油学校当了一名教师。刚一报到，他就接过了制图教学任务，还担任了班主任工作。这对于一个刚从工科院校毕业的年轻人来说，确实是一副不轻的担子。为了更好地完成教学任务，周育才拜老教师为师，学习研究怎样备好一堂课，怎样讲好一堂课，反复试讲，广泛听取老师和学生的意见，就这样他开始了自己长达38年的职业教育教学生涯。他承担过“机械制图”“化工制图”“机械制造工艺”“公差与配合”等课程的讲授。

周育才先后到兰州炼油厂机械厂、仪表厂、检修公司进行业务再学习、再提高，他和工人师傅一起开机床、修机泵，他主动为工人师傅讲课，整理编写了机械制图新旧图标对照表，和现场的技术人员一起普及和推广新的国家制图标准。他和同志们一起创建了学校第一个科技应用研究机构，针对厂子里易燃易爆、有毒有害介质输送机泵密封等问题，他和同事们一起研制开发了“大功率磁力泵”，解决了密封难的技术问题，获中国石化总公司授予的科技进步三等奖。他还在学校实践教学基地建设方面倾注了大量的心血。20世纪80年代，他对学校实习工厂进行了大刀阔斧的改革，打破铁饭碗，实施经济责任制。对工人们进行了全面培训，引进了一批专业人才，鼓励人人向“双师型”方向发展：上机床是技师，能干精细活；站讲台是老师，能讲理论课。学校实习厂直接把学校和兰炼的机械加工任务接过来，老师和学生一起现场加工，使理论和实践得到有机的结合。不再像以前是为了实习而实习，使得既浪费材料又让学生感到不真实、没兴趣。这样真刀真枪地干，按照现场图纸加工，使学生学到了真本事。不但提高了学生的动手能力，还为学校创造了效益，为社会做出了贡献。他还和其他老师筹建了铆焊实习厂，为学校的铆焊实习开辟了新基地，解决了焊接专业、化机专业学生铆焊实习难的问题。他和其他老师共同动手创建了学校电化教学基地，率领相关老师制作了3本教材的成套幻灯片，他参加摄制导演的两部电教片《手工电弧焊》《其它焊接方法》分别获得全国石油院校优秀电教教材一等奖和三等奖，《手工电弧焊》还获得国家教委首届全国优秀电教教材三等奖，两部电教片由高教出版社作为全国统编教材正式发行。他作为代表，在北京人民大会堂参加了颁奖大会。

既教书又育人，是老师的职责。周育才温暖而亲切地对待每一位学生，学生也记得他那时永远的白衬衣，就像雨后晴空中的白云一样悦人眼目。

整洁考究的着装增加了课堂的仪式感。周育才担任过五届班主任工作，他把学生当朋友，跟同学们一起跑操、一起学习、一起劳动，一起参加各项

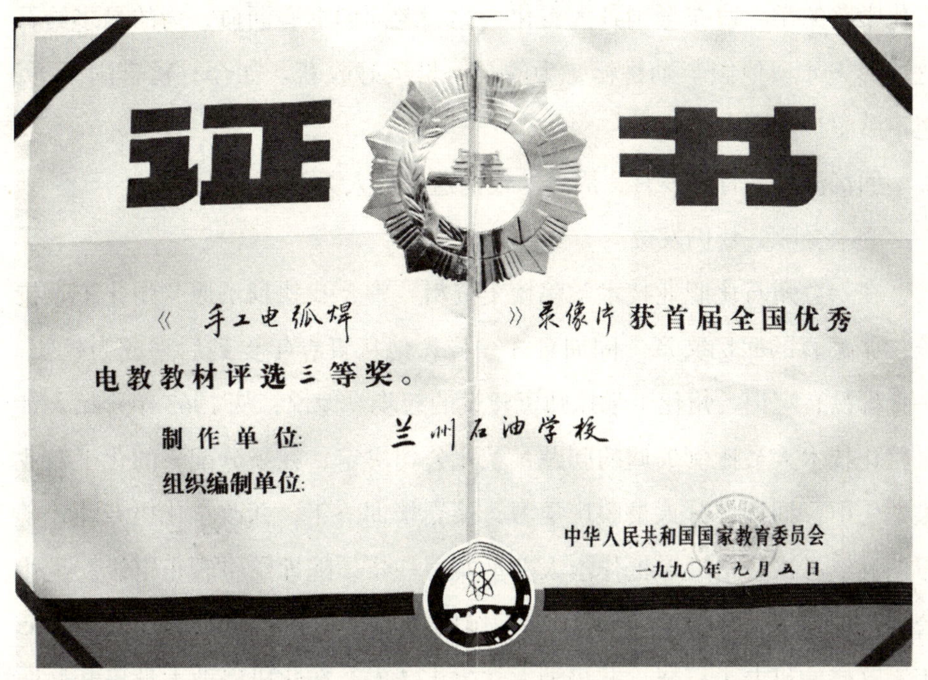

证书

《手工电弧焊》录像片获首届全国优秀电教教材评选三等奖。

制作单位：兰州石油学校

组织编制单位：

中华人民共和国国家教育委员会

一九九〇年九月五日

| 录像片《手工电弧焊》获奖证书

活动。学生有了困难他去帮，生了病他去照顾，学生有什么想法也愿意和他聊。他经常用自己做事的信条去激励学生，那就是，做什么事“只有敢想才能敢干，只有敢干才能成功！”“跳一跳，能够着的，一定要跳！”对此，学生们很受启发，并以此作为自己终身的座右铭。周育才带过的炼机801班，可谓是学校班级之典范，这个班，在校期间是学校的先进班级，兰州炼油厂厂级先进集体；毕业后，大都从事本专业，成了业务骨干，有的当了老总、厂长，有的当了技术科长、处长，有的成为工程师、高级工程师、堵漏专家、援外专家……但，他们都没忘记母校的教育、母校的培养。如今已经毕业30多年了，可炼机801班一直都是一个温馨和谐求上进的集体，他们建立了“炼机801”网络群体，昔日的班主任也在其中，每

天相互问候，互相鼓励，切磋业务，共享收获的喜悦。

工作在今朝，影响在明天；教学在课堂，成就却在祖国的四面八方。石化学院的学生遍布全国各大石化行业。老师们呕心沥血，为的是多给石化培养人才，他们辛勤耕耘，为的是一份美好收获。如今，桃李满天下，岂不欣慰！岂不自豪！

回忆流逝的青春岁月，周育才他们这一代人无怨无悔。

心未受凉，梦仍发烫。

在《兰州石化职业技术学院校史资料》中，我找到了原兰州化工学校校长张德森的回忆文章。同周育才一样，他从青春年少到后来成为校长，一直都没有忘记兰州化工学校师资建设的起步。他说，从 1963 年开始，针对兰化技术人员比例失调的问题，兰化公司决定，在新分配来的化工专业大学生中，抽调部分人员脱产学习，接受培训一年，并改学化机专业，学习期满经考试合格后，抵作本人劳动实习一年，随即给予转正定级。兰化公司同时发文，明确学员的培训工作由兰州化工学校来负责实施。1965 年，这样的班办了三届，共培训大学生 137 人。在化机专业大学班开办期间，师资缺员的兰州化工学校聘请了兰州大学和西北师大等教师兼职授课，这些老师和兰州化工学校老师互相交流、切磋，提升了教学水平。随着办学规模的扩大，兰州化工学校从兰化各分厂调来了技术人员，从新分配到兰化的大学生中选调人员，逐步建立了一支比较完整的专职教师队伍，担任技术基础课和专业课的教学工作。但这些人毕竟基础薄弱，学校随之选派了一些业务能力强的教师去天津大学、兰州大学、西北师大等高校进修学习。经过这一时期的努力，为以后兰州化工学校教师水平的提高奠定了坚实的基础，同时也探索了校企合作、校校合作的途径和模式。还有后来成为兰州石油学校校长的邹宗杰，他也非常珍惜当年在兰炼下厂锻炼的那一段日子。他说，1965 年，刚刚从大学毕业正值青春好年华，就得到了下厂锻炼实践的机会。在厂子里，自己既学到了有关技术技能，又扩大了对理论认知的视野。当时，他是工程制图课教师，在讲授“展开下料”章节内容时，总是从书本到书本，不会举一反三。但在生产现场中，却看到工人师傅在下料施工中，不像我们在图纸中那样复杂又费时，与教科书叙述的方法有所不同，更具有简便、快速的特点。这显然是经过长期生产实践摸索、总结出来的技术技能，是宝贵的生产实践经验，他们虽然讲不出什么理论，但在生产现场却很实用。于是邹宗杰将实践中学到的技能结合书本上的理论指导，总结出更丰富的下料方法，对课本知识加以补充。这样既拓展了书本上的内容，又大大开阔了学生的知识视野。

不仅如此，在生产现场中还有许多工程术语也是书本里看不到的，然而在现场却被广泛应用。比如在制图学中，书上规定金属尺寸单位是“毫米”，但工人师傅却习惯称之为“米毛”，如此等等。教师熟悉了这些情况，就可以在授课中给学生以应用，这样做虽然是件很简单的事，但却能增强青年学生与工人阶级的情感，培养共同语言，毕业后更能适应工作与生活环境。

下厂锻炼的日子虽说辛苦，但也有收获。正是那段时间使邹宗杰先后掌握了车、钳等机械操作的技能，尽管都是最基本的技能，但在书本中却很难找到。更重要的是在以后的教学过程中，能使理论与实践有机而紧密地结合起来，不但提高了授课质量，也调动了学生的学习积极性。

甘戊辉老师任无机工艺课教学工作，长年的专业课教学使她在这方面掌握了炉火纯青的技能。一次，她带领学生去宁夏灵武化肥厂实习，同时应邀处理该厂水质污染问题，正在厂会议研讨问题时，突然听到一声巨响，“不好，马上派人去关掉合成塔旁路阀”，当别人还在不知所措一片茫然的时候，甘戊辉却坚定而大声地对工程师路鲜根说着。路鲜根赶紧拿起电话通知，随即也跑往现场。过了一会儿，路鲜根气喘吁吁地返回会议室，他情绪激动地告诉人们，多亏甘戊辉老师的指点，要不然，就是一场火灾事故啊！说着，他紧紧地握着甘老师的手。

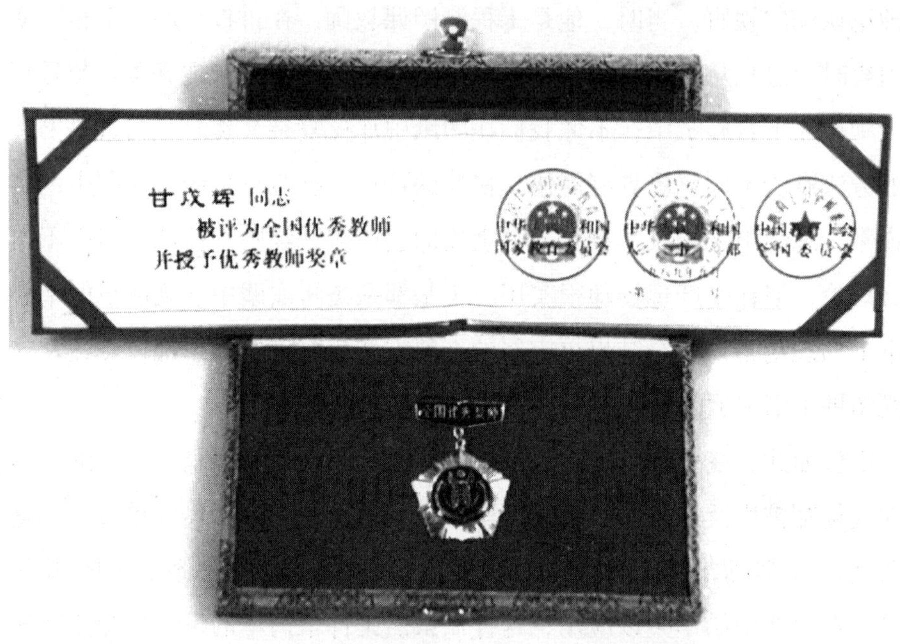

| 甘戊辉被授予优秀教师奖章

应工厂迫切之需，徐国和教授亲自编写教材，亲自上课。毕业于名牌学校的徐老，是全国中专学校唯一的一名正教授，他以自己扎实的学养，成为全国统编教材的主编，并为化工企业培养了许多后来都能独当一面的优秀人才。尽管徐国和早已离开人世，但他仍然备受人们的尊敬和缅怀。

在七八十年代，人们津津乐道的是这个学校拥有的“四大教授”——徐国和教授和张弓、吴延泰、杨兴荣副教授。

徐国和教授1949年毕业于浙江大学物理系，1962年甘肃冶金学校并入兰州化工学校，他担任化工仪表专业科主任。是国家教委非电专业类中等专业学校《电工电子学》课程组组长，1987年离休后仍担任该课程组组长至1995年。主编高教出版社出版的《电工电子学》，应用于全国非电专业类中等专业学校。

张弓（1922—2002年），广西平南县人，副教授，民盟成员，民盟兰州市第八届副主任委员，政协甘肃省第八届委员会委员。1949年毕业于广西大学，1956 年调入筹建兰州化工学校，一直担任化工机械专业主任。化工部教材编审委员会化工原理编审委员会副主任，主编《化工过程及设备》《化工原理》，全国统编教材。《化工原理》一书被国内院校广泛采用，三次再版，出版 30 多万套。78 岁高龄时，仍受化工出版社的委托，亲自动笔修订。

| 吴延泰被授予劳动模范证书

吴延泰，无党派知识分子，离休干部，1956 年从北京到兰州筹建化工学校，一直担任无机化工专业科主任，受到全国群英会的表彰，是化肥专业带头人，曾任学校校长。

毕业于 1962 年石油炼制专业 405 班的陶量，是一名国务院国资委机关司局级退休老干部，他曾任国务院外贸办副主任，退休后又任中国革命老区建设促进会副会长和中央国家机关老干部文化健康中心副主任。提起过去，他深情地回忆说，“我在母校四年的学生生活，正是国家从 1958 年的‘大跃进’到 1962 年经济困难时期。让我难忘和感激的是，时任校党委书记唐亚芳（后任石油部外事局党委书记）、李杰和校长荆治平（后任兰炼总厂副厂长）、陈鸿潘（后任石油部教育局局长）以及陈恩海等校领导都十分重视和关心全校师生员工的学习、生活、思想和身体，尤其是班主任陈景荣(后任副校长)、劳法彬（后任中国石油大学教授）和政治老师李濬清更是对我们这些来自全国各地的学生无微不至的关心，几乎每天从早到晚，他和我们学习生活在一起，就连晚自习后回宿舍睡觉，他们也经常来看望我们，嘘寒问暖，生怕我们受冻挨饿，对我们关心爱护胜过家中父母亲。”陶量在校生活最困难的就是1961年暑假，学校为了改善学生伙食，决定由校团委书记董文臻老师带领留校学生奔赴甘南大草原，组织大家采摘野果、挖掘蕨麻来“以瓜代菜”，以补充当时粮食定量之不足，他们以实际行动为党、为国分忧！陶量还记得，在母校学习期间，学校领导把他们班分成若干小组，他带领7名同学和兰炼的老师傅一组，一起到甘肃陇西农村进行松枝土法炼油实习，到甘南武坪小煤矿下窑采煤等矿井现场实训锻炼。

陶量在校学习的4年，一直担任班长和共青团干部等职，毕业前夕，教务主任于树谦（后任副校长）和团委书记董文臻（后任副校长）有时外出开会或向上级汇报工作时，也带着他一起去，学校从各方面来锻炼和培养他。陶量毕业时，组织上又让他参军，他随后被分配到青海边防部队锻炼了近一年，之后，再被分配到兰州炼油厂计划处工作。有一件事，陶量终生难忘，那天，是他刚领到参加工作的头一个月工资与餐券的日子，他一激动把这些全装进上衣口袋，兴致勃勃地上街转悠。岂料，工资与餐券在人群拥挤的商店丢失了。就在这断粮缺钱的时刻，兰炼计划处领导和同事在自身粮食定量不足的情况下，硬是从口中节食予以救济，负责厂区油品运输的火车司机张景忠用山东老家邮来的小米相助，更让他没有想到的是，母校老师李濬清得知后，也伸出了援助之手……这一切的一切，都使他感受到无限的温暖！从此，他暗暗下决心，要把自己的一切都交给党、国家和人民，努力学习，拼命工作！

在兰炼学习和工作了7年多时间，陶量受到时任总厂党委书记许士杰（后任石油部副部长兼政治部主任）、厂长贾庆礼（后任化工部副部长）和葛立兴等领导的教育和熏陶，这些老领导常年如一日深入生产车间和施工现场，带领着他一起和工人群众同吃、同住、同劳动，有时候还在办公室通宵达旦地为陶量修改调查报告。尤其在时任计划处处长荣镇中（后任山东淄博石化公司总经理）和俞海潮（后任湖南省副省长）、潘明方（后任石油部计划司司长）等领导手把手的传帮下，他在工作实践中增长了业务能力，锻炼了政治思想觉悟。在兰炼工作期间，陶量于1964年和1965年连续两年被评为全厂“五好标兵职工”（全厂党政机关仅两人获此殊荣）。陶量记得，学校和兰州炼油厂实行厂校结合、厂校挂钩，彼此间的关系一直是非常密切的，这是难能可贵的光荣传统。当年，兰炼总厂敲锣打鼓隆重举行的“五好标兵职工”表彰大会，就是在学校大操场举行的。陶量清楚地记得，贾庆礼厂长亲自给他戴上大红花并颁发“五好标兵职工”奖状和奖牌。

为此，他把母校和兰炼的深情大恩永远铭记在心，并以此为动力奋发图强。

李全喜老师还那么健谈，凡事只要引开个话头，他总是滔滔不绝，犹如大江东去。长期以来，他担任一线教师，又在教务处工作。他回忆说，1977年，学校恢复正规招生后，随着全国教育战线的拨乱反正，学校也步入了高速发展的新时期。学校从全国各地招生，学生毕业后被输送到各大油田和炼化企业工作。在整个办学过程中，学校始终将培养目标瞄准企业一线的专业技术骨干人才。根据石化人才之需，专业由“文革”时的三个扩展到十多个。学校要求，学生在系统学习专业理论的同时，要狠抓基本技能培训和能力培养，把实验课和生产实习始终摆在重要地位。在生产实习和毕业设计方面，充分利用炼油企业的优越条件，尽量让学生参与到生产环节和科技攻关的活动中去，与工人和工程技术人员一起完成生产和科技攻关任务，培养了学生的实际能力，历练了学生的全面素质，使学生在直接为企业做出贡献的同时，享受到成功的喜悦。

李全喜深情地回忆道，那时，学生在整个学习设计过程中劲头十足，虚心向工人和工程技术人员请教，工作主动，遵守纪律，不怕苦不怕累，有时为了完成攻关实验任务奋战到深夜，第二天按时上班。学生的良好表现受到企业领导、工人和工程技术人员的热烈欢迎。工程技术人员常把一些重要工作交给学生去完成，学生在完成任务中，肯动脑筋，认真负责，有不懂的地方，工程技术人员引导他们去查资料，共同解决问题，学生从中受益匪浅。实习设计结束时，不少单位要求将学生留下。

尤其从 1977 年开始正规招生到 80 年代末以来，学校不仅在招生规模上发展快，在教育质量和水平上也堪称一流。这十几届毕业生在全国石油、石化战线都做出了突出业绩，受到各企业单位的好评，其中相当数量的毕业生在挑着大梁，得到提拔重用。李全喜清楚地记得有一年进行用人单位回访调研，他参加大庆石化公司新毕业生表彰座谈会，发现石油学校毕业生都被公司领导安排坐到第一排，而其他学校甚至有大学本科生却被安排坐在后面，公司的老总在大会上公开称赞兰州石油学校毕业生：“不骄不躁，脚踏实地，积极上进，肯动脑筋，工作能力不错，成绩突出，我们就喜欢这样的人才。”

流年似水，沧桑如梦，追忆往事，历历好似咫尺。纵然劳力也劳神，但他们矢志不渝；青丝变白发，但他们无怨无悔。

第二章

光风霁明月

踏着泥泞，踩着荆棘，云层中突然闪开一道光亮，在璀璨的光中迎来了一个让人永远怀念的金色的秋天，中国的天空霎时变得明亮了起来。人们掸去心中的尘垢，奔向街头，奔向田野，去尽情地拥抱秋天的故事。

改革开放揭开了新中国历史的新篇章，也焕发了兰州石化学院的新气象。

到了20世纪70年代末，为了解决严重的结构矛盾，新中国开始进行工业化战略的重大调整，放弃了原来单纯发展重化工业的思路，转而采取消费导向型的工业化发展战略，注重市场需求导向，优先发展轻工业，以纠正扭曲的产业结构。自1980年起对轻工业实行了“六个优先”的政策，即原材料、燃料、电力供应优先；挖潜、革新、改造的措施优先；基本建设投资优先；银行贷款优先；外汇和引进技术优先；交通运输优先。此后，工业内部重工业自我循环的结构被初步打破，长期压抑的消费需求突然被释放出来，成为工业化的巨大牵引力。首先是以纺织工业为代表的轻工业获得了快速发展，在1980年至1985年的工业总产值中，轻工业的比重迅速由47.0%上升到49.6%。这期间，最重要的进展是经济体制的改革，高度集中的计划工业管理体制逐步被打破，1984年，国家进行了微观环节的放权让利式改革，从而改进了企业内部的激励机制，资源配置的方式开始脱离计划的轨道，市场机制开始发挥作用。在资源配置新机制下，过去受到传统战略压制的轻纺工业，在市场需求、价格弹性的强刺激下，推动了非国有经济更多地进入到这些领域。因此，重工业比重过高的扭曲结构，主要是通过非国有经济的进入而得以调整的。到了1998年，轻工业中非国有经济的比重达到77.1%。

在需求导向型的工业化战略下，居民消费结构的变化、升级对产业结构的演进，以及在一定时期高增长产业的形成，其作用是明显的。自20世纪80年代初期开始，城乡居民的消费需求和消费结构呈现新的变化，在吃穿的基本需求得到初步满足后，转向了用的领域，出现了家用电器等高档消费品的消费一致性倾向。在市场需求快速增长的情况下，这些消费品立即供不应求，从而强烈地刺激了家电产业的投资和发展。与此同时，轻重工业逐步协调增长，轻重工业的互动发展机制逐步形成，重工业开始加强轻工业所需的工业原料和机械设备的生产和供应，而轻工业则通过产品的市场开拓，增加了对重工业产品的需求。

1984年开始的农村改革，解放了农村的生产力，极大地激发了农村和农民的活力，自80年代中期开始在中国广大农村的土地上兴起了一股农村工业化潮流，乡镇企业“异军突起”，这是中国工业化进程中的一大创举。从90年代初期开始，随着工业化的不断发展，农村剩余劳动力以每年2000万到3000万的规模向非农产业转移和向城市涌入。1993年，乡镇企业就业人口达到1.2亿，超过了国有企业的就业人口，这个数字相当于30多年前城市工业吸收劳动力之和，乡镇企业的产值曾达到工业总产值的一半。城市工业化和农村工业化的双重工业化格局，其更大的意义在于，改变了过去那种工业化与城市化割裂的局面，形成了工业化与城市化相互促进的交互关系，使占人口总数80%的农民逐渐融入工业化之中，从而极大地加速了工业化和城市化的进程，也推动了第三产业的发展。

这一阶段的基本特征是，工业化的总体进程也由工业化初级阶段向工业化中期过渡。在这一阶段还形成了两个带有长期意义的机制：一是需求导向型的工业化发展战略在这一时期得到确立，释放消费需求、挖掘市场潜力，以消费结构的升级推动产业结构向高度化方向发展的工业化发展思路逐步清晰起来，并贯穿于今后的工业化进程中；二是工业化与城市化的互动机制初步形成，使越来越多的农民和农村地区加入到工业的行列中。

基于这样一种形势，20世纪80年代，党中央充分估计到石油化工改革涉及体制、利益格局调整的难度。时任中共中央总书记的胡耀邦在与负责筹建中国石化总公司的陈锦华（后任全国政协副主席）交谈时说："成立中国石化总公司要把地方的企业收上来，我们报告了小平同志，说不征求地方的意见了，中央直接发文件，小平同志表示赞成，说就这样办。"

为成立一个公司而由党中央直接下发文件，这是新中国成立以来从未发生过的事情。

1983 年 2 月 19 日，党中央批准国家经委、国家计委、国家体改委、财政部等 4 部门关于成立中国石化总公司的报告，决定正式筹建中国石油化工总公司，对全国原分属石油部、化工部、纺织部等部门管理的炼油、石油化工和化纤企业，实行集中领导、统筹规划、统一管理，对产供销、人财物、内外贸实行统一管理。

中共中央、国务院下发通知指出，"这是我国经济体制改革的一件大事"。

1983 年 7 月，中国石化总公司正式成立，当天出版的《人民日报》发表了满怀激情的社论，社论的标题为《发挥石化工业经济实体的优势》，号召"为强国兴邦发扬进取精神，努力把总公司办成一个技术先进、管理先进、在国内外市场都有竞争力的经济实体"。

在中国石化总公司成立大会上，姚依林代表中共中央、国务院致辞时说："国家对于你们寄予很大的希望。"姚依林所讲的国家希望，主要是"改善我国的人民生活""增加国家的收入和积累"，这些都关系到国家发展的全局，至为重要。

在接见参加成立大会的与会代表时，国务院主要领导同志又说："要靠石油化工来满足人民生活的多种需求，这是工业化国家的成功经验，特别对于人口众多、自然资源短缺的中国尤为紧迫。"

就在这一特别时期，原来分别隶属石油部和化工部管理的兰州炼油厂和兰州化学工业公司同时归属中国石化总公司管理。

1983 年 7 月 12 日，兰州石油学校也成为中国石化总公司唯一一所直属学校。同年 9 月 22 日，中国石化总公司总经理陈锦华、副总经理张万欣等视察了兰州石油学校。

1984 年 7 月 10 日，兰州化工学校随之成为中国石化总公司直属院校。

两所学校归属中国石化总公司后，其发展规模和层次跃上了一个崭新的台阶。

以中国石化为依托步入大发展时期的两校，不仅在基础建设等物质方面得到了快速的发展，在社会担当等精神文明建设方面也有了很好的提升。中国国有企业在世界 500 强榜单上比重越来越大，在自主创新方面的领军实力，在“走出去”与世界企业竞争合作过程中的成果，都显示出其不可替代的作用。

中国经济的成功，首先归功于国有企业，濡染了以石油、石化为代表的中央企业对国家战略和人民福祉的担当，尤其在国有企业的管理模式中，兰州石油学校和兰州化工学校受益匪浅。

春来犹发旧时花。

日夜柳条新

60年代初期，兰化的谋略者就知道，要走石油化工的道路，光靠开几次会议，靠挽留一两个科技人才是远远不够的。为此，兰化公司决定，要大力培养自己的技术骨干。公司下发文件要求：凡车间主任、技术员以上的干部，在不影响工作任务完成的情况下，都要参加每周两学时的学习培训。

但培训员工的教师从哪里来？公司主要领导亲自出面，从兰化研究院和兰州化工学校选拔了60名老师组成了讲师团，以兰化副总经理林华翻译的著作《石油化学工艺》作为主要教材，全体老师边讲边学，气氛相当浓厚。公司主要领导也参加到了培训学习的学员中间，主要领导都带头学习专业知识，促使了专业技术人员学习得更加起劲。这样的培训一直坚持了3年，共培训200多名技术骨干，为兰化向石油化工方向转变和兰化的企业技术改造，储备了重要的人才资源，发挥了突出的技术支撑作用。这之中，兰州化工学校居功至伟！不仅给企业做出贡献，还锻炼了老师理论联系实践的能力，融洽了校企合作的氛围。

在记忆深处，刘广奇谈得最多、铭记最深刻的，是学校隶属于中国石化总公司的那段时期。他说，正是中石化总公司的领导，才使学校面貌发生了翻天覆地的变化。1984年7月，原兰州化工学校划归中国石油总公司直属中专后，刘广奇有幸成为新组建的兰州化工学校党政领导班子成员之一，他人生最美好的年华遇上了发展的大好形势，刘广奇当时的欣喜即使在 30 年后的今天，也能从他愉悦的神情中看出。巧的是，他在学校任职的 10 年也正好是中国石化总公司主管学校的 10 年。所以，他格外珍惜。

| 化机科学生在力学实验室做实验

在这 10 年的时间里，中石化总公司为兰州化工学校建造了当时在西固地区最高的十四层综合教学楼。教室的课桌、凳子、讲台、黑板全部更换，还建立了外语语音室、制图教室，安装了学校自己开发研制的化工仿真装置、电化教学实验室、计算机机房等，新建了图书馆、联合教室，后来又新建了化工实验楼，各类实验室、各种建筑如雨后春笋迅速在校园拔地而起，兰州化工学校的办学条件得到空前改善。

难以忘怀，在后勤保障方面，中国石化总公司也是倾力而为。学校原来的食堂是由大仓库改建而成，进入食堂大门，一端墙面裂着大口子，而且年复一年还在不断扩张。中国石化总公司的领导和相关部门领导看到这种情况，主动建议学校新建一个食堂。于是，中国石化总公司立即批准同意与总部教学楼捆在一起增拨基建经费，这样，才有了今天的食堂兼礼堂，并且还给食堂建了冷库，购置了大型冷柜、和面机、馒头机和压面机等等，大大改善了食堂工作条件。

学校原来的管道是陶瓷管道，30 多年的风雨侵蚀使它不堪一击，每逢节假日，由于排污量大，致使长年污水浸漫校园。加之排污井的总井口就在校园的大门口，所以主管校长和后勤有关人员像防洪队队员一样昼夜值班守候，此处一旦失守，污水不仅会淹了校园，还会冲向校外的大马路。学校的总变压器也严重超载，尤其在晚上用电高峰期，时而发出令人寒颤的电光弧……这些隐患都随着中国石化总公司的大力投入，一个一个被解决了，过往的隐患成为历史。

中石化领导还特别关心教职工的福利待遇。原来，学校的住房条件一直得不到改善，就在建校初期，化工学校的副地级以上领导、教授、老校长还住在一个三层土木结构而且已经下沉的小楼里，有的老职工甚至三代同堂居于一室，年轻的教职工则合厨、合厕而住。见此状况，中石化总公司先后为学校新盖了三栋六层住宿楼房，由原来的住不下变成了有空余房。职工的工资待遇也是 10 年几乎翻了 10 番。

中国石化总公司还批准兰州化工学校成立了中级职称评委会，使学校任教的大学生毕业工作五年后基本都评上了中级职称，使得学校在“文革”中保留的大批老教师没有外流，这是学校发展中最宝贵的财富，也是学校办学水平的象征。但在调整工资和评定高级技术职称时，由于指标的限制成了难题，总公司了解到这一情况后，提出，具体问题具体对待。后来，每次调资时，中国石化总公司都把兰州化工学校放到最后审批，放宽额度加以解决。在分配高级职称指标时，把许多“文革”前毕业的大学生都挡在了符合评定资格外。刘广奇受时任校长的委托，带着“文革”前大学毕业的教师花名册，到北京紧急寻求石化总公司人事部解决，他详细地汇报了具体情况，总公司人事部主管学校的闫毓祖副主任问：“要多少名额就够了？”刘广奇说：“30个。”万万没有料到，闫毓祖副主任当即就批了30个名额，让刘广奇去石化总公司人事部盖章，并说：“还有什么困难你再来。”这件事令刘广奇感动不已！

还有一件重大的事也让刘广奇感动至今。那就是，兰州化工学校校内原建的兰化公司生活取暖锅炉房对学校教学影响很大，又是在总公司人事部闫主任的协调下，学校与兰化公司协商搬迁的。当时，中石化总公司拨给兰化公司150万的锅炉房搬迁费用，还有兰化22街区两个单元36套两室一厅住房为学校职工解决住房难问题。这样的办事效率，这样的理解学校，刘广奇终生难忘。学校校办产业的塑料加工厂也是在闫主任的支持下，总公司每年按内部价格分配学校50吨以上的高压聚乙烯原料指标，为教职工改善生活提供了可靠保证。

在招生和学生分配方面，中国石化总公司积极为学校和用人企业搭桥联系，使学校为企业委托培养人才，还解决了企业职工子女就业难题，同时，企业为学校学生提供就业机会，像抚顺石化总公司、独山子炼油厂、茂名乙烯、乌鲁木齐石化等大型石化企业都是整班建制地接受了兰州化工学校的毕业生。当时，人们羡慕兰州化工学校毕业的学生就业犹如“皇帝的女儿不愁嫁”。学校按照企业需要培养学生，企业乐于接受学校毕业的学生。南方有个石化公司，本地就有一所中专学校，但在中国石化总公司的经理厂长会上，这个公司的领导却执意要兰州化校毕业的学生。学校就业途径拓宽了，学校招生任务的完成有了保障，竟然还有不少高考分在550分以上的学生也报考了化校，这个分数超过了当时兰州地区高考重点大学的分数线。

刘广奇幸福而满足地回忆着。

回忆那时，学校欣欣向荣，一天一个新模样，变化可真大啊!

两校在归属中国石化总公司领导期间，除了外在的硬件建设飞速猛进外，在专业建设方面，也是日新月异。

深秋的阳光很温暖，光线很随意地穿越窗户洒了进来。退休在家多年的李树昌老师应邀坐在我办公室里，采访就这样开始了。当聊及中国石化总公司对于促进学校发展的重要作用时，他和刘广奇颇有同感，感慨万千。聊着聊着，他的眼神竟愈发鲜亮了起来。

李树昌记得很清楚，那是兰州石油学校创办新专业的前一年（即 1987 年），他奔赴洛阳、山东、天津等地炼油厂及油田，调研历届毕业生的基本情况，完成建校以来首次回访毕业生任务。作为炼机科主任，他在调研回访时，暗暗地给自己附加了一条，那就是："一定要搞清楚在石化设备制造方面，哪一类人才紧缺，企业还要求我们做些什么？"接待，参观，马不停蹄。在闻名全国的"洛阳牡丹"前，但见鲜花怒放，国色天香，景色美不胜收，令人流连忘返。面对如此景致，而李树昌却在反复思索着调查中获得的人才短缺信息。突然，一个大胆的设想跳出脑海：创建一个新的专业——焊接专业。

返校后，李树昌怀着无比兴奋的心情，奔赴兰州理工大学、兰州交通大学等省内本科院校，将创办新专业的设想与相关老教师交流。他多次找学校领导进行详细的汇报，他反复从企业的急缺和长远的需求各方面予以论证。最终，获得了同行们的共鸣，也得到时任校长翟锡松同志的赞同。这样就形成了校领导一致同意创办新专业的局面，并责成学校炼机科拿出可行性报告。

1988 年 3 月 26 日，学校将《关于我校今年试办焊接专业的请示》文件上报中石化总公司，总公司于同年 4 月 15 日迅速批复同意创办。

拿到总公司批文后，兰州石油学校委派李树昌立即筹办新专业，李树昌立即去当时在国内办此专业最早最好的中专学校——四川德阳重型机械制造学校进行考察，尽可能多地了解该校办学条件、教学形式、实验及教材等方面的情况。同年 6 月，炼机专业科副主任王春林同志和即将担任焊接教研组组长的王建勋同志参加了在沈阳举办的中专系统全国焊接指导会议，审定"焊接专业大纲及计划"。同年 8 月，王建勋老师又赴武汉，参加了机械工业部热加工专业委员会举办的中专焊接指导组“编写专业科教材会议”，会议确定兰州石油学校参与编写。后来，由学校闻立言老师主编了“焊接生产检验”专业课的教材，同年由机械工业出版社出版并全国发行。至此，从拟定专业教学大纲、教学计划、生产实习大纲、课程安排等方面为焊接专业88级新生入校学习做了理论、教学方面的充分准备。

创办焊接专业，得到了中石化总公司的高度重视，总公司为筹建焊接专业特批专款20万元，主要用于购置焊接设备及仪器、建立焊接实验室及生产实习基地。新专业的创办也得到了当时兰州炼油厂供应处的大力协助，首批设备不到30天就从上海发货抵达兰州，快马加鞭赶在新生入校前安装调试完毕，可随时投用。随后，学校又派出人员赴外地补充购置设备及仪器、工具等教学用品，完善焊接专业的硬件设施。

创办新专业，师资是关键。学校一方面要依托专业课的老师，同时派出年轻教师就近赴甘肃工业大学焊接系进修深造，以尽快回校担任焊接专业课的教学任务。另外，申请引入工科院校应届焊接专业的本科毕业生来校任教，补充专业科教师短缺的问题。在实践教学上，一方面培训试验人员，另一方面聘请大企业的焊接技师参与设备调试和承担实习教学任务。

从此，兰州石油学校焊接专业就承担着中等焊接专业工程技术人才培养的重任。为了培养现场需求的技能型人才，建立实习实训基地至关重要。一方面，要从教学计划的制定时就重视焊接生产实践环节；另一方面，还必须具备生产实习基地和实习教师等两方面的条件，才能使教学质量得到保证。为此，专业科集中搞了一次建设实习基地的“战役”。由专业科主持，动员全科教职工发扬学校建校30余年来艰苦奋斗、勤俭建校的优良传统，自己动手建设。还要求教职工合理安排课余时间，上午有课，下午劳动，一、三、五有课，二、四、六劳动。从废旧钢材的挑选、装卸，到玻璃钢瓦的安装，从工棚主架的切割、焊接，到遮光屏的制作以及油漆的粉刷，都自力更生，自己动手。就这样，一个总面积235平方米的焊接实习工棚仅用12天时间就完工了！此外，还制作了5个实习台，6个遮光屏，为焊接专业学生的实习提供了良好的物质条件。特别值得一提的是，兰州炼油厂废品仓库给学校无偿提供废旧钢材、钢板、钢管等，使得这项工程仅材料费一项就为学校节约近万元经费。更令人难忘的是，正当工程接近尾声时，恰好中石化总公司陈锦华总经理到学校视察，他饶有兴致地参观了新建的焊接实习场地。当时，由李树昌向总经理汇报了专业科教师艰苦创业、勤俭建实习工棚的情况，陈总经理非常高兴地称赞道："我们就是要发扬这种精神！"总经理的夸奖无疑给李树昌和他全科的教职工以极大的鼓舞。

写到这里，我想起了有位领导说过的话："用实事求是的思维方式来看问题，竟然发现，一些人在拼命抹黑国有企业，他们把国企说得一无是处，这是不公道的，也是别有用心的。新中国这三十多年经济起飞，就是靠国企打下的基础、创造的种种基本条件。真正能同外国资本进行竞争的也是国有大企业。国企需要改革，是改掉国企本身的毛病，使之更有效率，更健康更壮大。有什么问题就改什么，不能借机妖魔化，国企是全国人民的。"而兰州石化学院这一时期快速的发展也证明了这种说法。

初心未磨染

在采访吴延泰时，他反复强调这样一个命题，这也许就是职业教育起初的宝典，即在职业技术教学过程中，必须正确处理理论与实践的关系。

| 在实践中学习

强调基础课和专业课中的基础知识和基本原理，绝非只要理论不要实践。此类学校的毕业生之所以受到用人单位的欢迎，也正是因为学生在学校时就积累了分析问题和解决问题的能力。学校历来就非常重视校办工厂和实验室的建设，结合各专业的特点加强实践性教学环节，以提高学生的实际能力。

兰州化工学校建校初期，校办工厂分两个方面发展。其一是机械工厂，二是化工车间。前者配置车、钳、铆、焊、锻、铸，规模虽小，但工种齐全，设备虽陈旧，实习指导教师却经验丰富。不同专业的学生按不同要求去各工种轮流实习，以制造一件小产品评定实习成绩。此后，实习工厂仍保留此做法，并转为生产离心式分离机和阀门水泵等。1968 年学校隶属兰化公司管理后生产蒸蒸日上，先后成批生产甘肃第一台“兰花”牌洗衣机、水泵和防爆电机，小商品则有挂衣架和绞肉机。随后又试制压缩机阀片和浮球式疏水器、农用薄膜和合成树脂。校办企业属集体经

现场教学

济，实行经济责任承包制，规模逐渐增大，效益逐年增高。

化工厂的生产车间是在“大跃进”年代兴办的。此类车间生产硫酸、烧碱与漂白粉、磷肥、化学试剂，都是白手起家创办的。此外，市重点工业局投资的碳铵氮肥厂由学校抽调人员负责筹建和培训生产人员。化工厂的办厂目的是为了地方化工服务，制造产品和培训人员。化工车间的生产规模小，无资金投入、生产技术落后、设备简陋且污染环境。随着工厂发展的需要和管理体制的变动，机械厂迁出学校成为高中压阀门厂，氮肥厂未建成改建成为兰州制桶厂。化工车间则与其他厂合并。

1999 年学校又一次改制，学院将校办企业重新布局进行整合。

这种实践性教学主要适用于工厂订单式委托代培。兰州化工学校为中

多媒体教学

石化总公司抚顺乙烯工程成建制地输送 200 余名毕业生就是一个实例。化工机械专业以塔器、离心式压缩机为典型产品。化工工艺专业以乙烯化工、合成氨与尿素为典型产品。按典型产品组织教学实践的条件是必须有代培

厂方的参与和协助。在培训现场进行的教学与实践活动，诸如检修、机器拆装、零部件测绘和化工开车停车以及结合技术改革进行的设计项目都应当使学生有机会参加。选择培训现场以对口、生产性质相似的工厂为好。例如学校无机化工专业为甘肃甘谷、武山氨肥厂培训新工人就选择天水与武威的对口工厂。

以典型产品组织教学也存在需要解决的一些问题，如培训场所远离校本部，住宿和教学条件相对差些且增加旅途开支；现场教学受培训地点生产状况牵扯影响；专业知识面相对窄些，有局限性。

80年代初，学校采取师生走出去的办法结合兰化的生产实际，结合甘肃的地方特点送技术下厂下乡。先后为303厂编写裂解车间生产教材，搞“三结合”技改，改造乙烷裂解炉，核算乙烯、丙烯精馏塔产能，改造丙烯腈精馏塔，受到工厂的好评。学校又先后为陕、豫、川、甘、青的化工项目进行可行性论证，为领导决策提供依据。这些实践活动拓宽教师和学生的专业知识与技能。这项活动一般安排在毕业生设计阶段，学生返厂收集数据做好准备，再完成指定的技改任务。事实证明，具有一定实际经验的学生是有能力在教师的指导下完成技术改革项目的。

80年代后期，学校对运用计算机信息技术改革传统的教学方法予以重视。多媒体技术走进了教室，从校外购进并大量录制教材为兰化电大工作站圆满完成了任务。学校派人进修并引进计算机辅导机械制图设备，以计算机仿真教学系统为代表的高科技手段，解决了化工专业学生下厂实习只能观察不能动手的难题。计算机运用于教学，推动了学校各管理部门普遍采用这一先进手段，摆脱手工处理业务的旧模式，学会应用计算机的教师和职工的人数多了。这是学校的一项长期建设任务，投资大、范围广、周期长，受到学校领导的重视。将它更广泛地运用于教学是我们的主攻方向，是提高教学质量和学校声誉的重要措施。

从60年代至今，对实践教学不停息的探索是吴延泰的初心，也是学校成就人才的基础。话别时，吴延泰衷心希望广大教师能群策群力、创新发明，攀登更高的顶峰，在更多方面更深层次展开和发展实践教学。

兰州化工学校退休老教师马廷魁也有一段美好的回忆。他难忘带领学生在天水氮肥厂的日子。那是 1975 年秋，新学年开始时，无机化工专业 7412 班的全体同学和 8 位老师在进行了一番动员之后，组成一个小分队奔赴天水开门办学，采取以任务带教学，边教边学边实践的方法。在进发天水途中，他们一路上精神振奋歌声嘹亮，大半天时间就到了目的地：天水地区氮肥厂。令他们倍感新鲜的“开门办学”活动，就此拉开了帷幕。

小分队队长是吴延泰主任，指导员是王对安老师。经过两天的集中学习和入厂教育，学生很快按计划被分配到变换、碳化车间跟班实习。同学们都显得十分高兴，因为在学校已经学了一年的专业知识，现在就要与小化肥厂的流程、设备零距离接触，每个同学的脸上都流露着难以遏制的激动与喜悦。

小分队的同学大都来自甘肃、青海、宁夏、新疆 4 个省份的农村，个个敦厚、老实、勤奋、好学。小分队管理按照军事化要求，不迟到、不早退、不窜岗、不打闹，早晨接班前还要跑步、做操，王指导在学校做思想工作和抓纪律一向严格，到天水氮肥厂也不逊色，同学们也都非常珍惜这段时间，自觉遵守。很快就形成了有规律的实习生活习惯。

有一次，碳化塔反应有点不正常，塔底结块了，师傅们进行紧急处理，为了安全起见，他们本不想让同学们干，但看到师傅们那样得卖力，同学们哪能落后，就一个接一个地接过铜杆，按照师傅的指点去清理塔底的结块，待处理好了，几个同学都已经累得满头大汗。事后，大个子赵云同学说：“我原以为操作工作挺干净、挺清闲，现在看来也有脏、也有累的时候。”

在空班的时候，小分队还要按计划进行教学，除了随队的老师上课外，还要请厂里的技术人员进行专题报告。厂部副总工程师讲了“小化肥的发展与天氮概况”，其他几位技术人员讲了泵、压缩机、罗茨鼓风机的原理、使用和维修，同学们一致反映，巩固和加深了课本知识。

回首往事，王璠瑜仍然念念不忘他主导的教学与实践相结合的有关探索。

60 届储 402 班的专业课基本是在生产现场进行的，他们曾分别参加玉门炼油厂油库的扩建、山西榆次油库的建造工作。具体做法是，白天参加生产劳动，晚上上课，着重培养学生能文能武、能上能下的优良素质。储 402 班还在北京勘察设计院实习了 3 个月，参与了油库和输油管的设计工作，参与了该院设计手段的改革创新活动，与设计人员一起创建了一套设计输油管的诺谟快速计算图和一台模拟电算仪，获得设计院的嘉奖。实施把专业课教学与生产劳动相结合的改革措施，大大提高了教学质量，使得兰州石油学校当时的毕业生在厂矿企业中备受欢迎，因为他们具有足够的实用理论知识，又有不怕苦不怕累的实干精神，还有能解决生产问题的动手能力。当时分配到兰州炼油厂、北京东方红炼油厂、大庆油田、山东胜利油田一大批的毕业生，在经过一段时期锻炼后，大都成为生产骨干、基层领导或厂级干部。

专业课教学与生产劳动相结合的教学改革措施，还为学校锻炼出一批“双师型”的教师队伍。他们既能在教室里给学生讲授当前生产中所需要的理论知识，也能为生产单位解决一些技术难题。例如：1976 年学校化机 732 班学生在兰州炼油厂检修车间实习，老师带着几个同学参加维护队的技术改革小组，在不到一年的时间内，通过技术员、老工人、教师、学生的交流和研讨，解决了当时在生产中存在的几个老大难问题：丙烷泵、高温汽油泵、高温水泵的端面密封问题；两级悬臂热油泵轴头螺栓的异常断裂问题；石墨棒土法浸铝、浸铜的技术问题。这些成功的经验，都曾通过石油部在全国各大中专院校、各炼油厂交流推广。

“教学结合生产”不仅是某一特殊时期的教学需要，也是各类专业院校应该坚持的教学方向。

让宋宪文记忆犹新的是十一届三中全会以后，在党的“尊重知识，尊重人才”口号的鼓舞下，时任学校校长陈恩海发出“我们是中专的牌子，要办出大学的水平”的号召。就是说，要提高办学水平，把培养高素质的人才放在一切工作的首位。为此，全校师生热血沸腾，教师积极教学，学生刻苦学习，掀起了为“四化”建设培养人才的新高潮。

“文革”结束后，为解决教师断层的问题，学校每年分来一批大学生，如何使这些虽有理论知识，但缺乏教学经验和实践动手能力的年轻人成为一名合格的教师，学校采用“师傅带徒弟”的办法，将一批威信高、教学经验丰富的老师与年轻人结成“一帮一”的队子。如刘肇中、王璠瑜、闻立言、李遵义、李伯仁等老师，每人带一至几名新教师，从制定授课计划、备课、试讲到正式走上讲台，最后进行教学评议等环节，帮助他们克服了一个又一个困难。抓语言、教态、板书等教学基本功训练，使之逐渐规范，直到最后能独立完成教学任务。这看似很“原始”的做法，在当时还确实发挥了很好的作用。年轻人经过这么一二年的磨练就在讲台上站稳了脚跟，成为教学骨干。那时，有过这种特殊经历的年青教师，今天仍有不少人还活跃在教学第一线。新老教师互帮互学，加速年青老师的成长过程，应该是一条有益的经验。

为培养青年教师，学校每年开展青年教师教学大比武。各门课程的年轻教师在老教师的指导下经过精心准备，首先在各专业科进行选拔，选出的选手在全校进行公开教学，由学校组织的专家组进行评议打分。这样层层筛选，优中选优，最后决出教学先进。教学比武的先进要同评职评优挂钩。因此，这一环节有利于调动年轻教师钻研业务、敢于创新的积极性，在青年教师中形成了热爱教学工作、争当先进的氛围，从整体上促进了教学水平的提高。

在探索工业职业教育的过程中，学校还根据培养应用型、技能型人才目标的要求，鼓励并安排教师进车间、下工厂参观实习。不仅是专业教师，一些公共基础课的老师，有条件的也安排跟学生一起参加实习。如数学、政治、英语等课程的教师在下厂实习过程中，逐渐了解一些专业知识并掌握一些动手的技能。特别是当年深入到兰炼、兰化的炼油装置，跟上工人师傅摸管线、查流程，了解蒸馏、催化、换热等过程，熟悉泵、塔、管等设备，增加了石化生产的感性认识和感情认同。这些人再回到教学中来，普遍感到知识面宽了，教学内容丰富了，与学生在交流中有了更多的共同语言。有人说，这些老师有了“油”味了，这样的老师更受学生欢迎。

1965 年，石油工业部开展教学观摩会活动。学校各级领导深入课堂听课，广泛征求学生意见，为选拔参加教学比武的老师做精心准备。经过层层筛选，瞿锡松终于脱颖而出，初选入围。

入选后，瞿锡松在教研组的帮助下，夜以继日进行着紧张的准备工作，他充分利用课堂教学 90 分钟时间，从讲解什么、提问什么，黑板上写什么、画什么，甚至什么地方用什么颜色的粉笔，都一一做了充分的准备。由于准备扎实再加之平时练就的基本功，在学校进行的第二轮选拔比试中，瞿锡松和另外一名电工教师最终被学校确定为参加石油工业部教学观摩会人选。

当选参加观摩会的代表，自然是值得庆幸的事，可随之而来的许多矛盾更令人惆怅。1965 年，已经有 10 年教龄的瞿锡松，不论过去在西安、玉门，还是兰州石油学校，他的课堂教学都比较受学生欢迎，多年来一直被评为先进工作者。就是这样的教学能手却对眼前教学比武那整齐划一的标准化要求，无所适从。从学校领导的角度看，自然希望派出参加教学比武的老师，能够做得完美无缺，为学校争得荣誉。更何况在那个年代，即使你再有水平，也只能认真听、认真记、认真改，以免有人说你不虚心、翘尾巴。但瞿锡松的内心充满了矛盾和痛苦，他觉得，本来就是一节课嘛，自然而然，该怎样讲就怎样讲好了，干吗非要按照别人的意志改来改去，甚至改得面目全非，连自己都觉得陌生了。

怎么办？憋了好久的瞿锡松终于在一次试讲后的评议时集中爆发了，一向胆子就比较大的他，这时像竹筒倒豆子一样，噼里啪啦全说出来了。他气冲冲地说：“这节课本来我有自己的构思，在课堂教学的各个环节，在教学内容的前后呼应上，我都轻车熟路。可眼下非要我这么讲，我真不知道还有多少构思是属于自己的。这样的课讲起来生怕出错，格外费力，加上心理因素的影响，讲授效果能好吗？如果是这样，我宁愿退出，不参加教学比武观摩会了！”此言一出，犹如平地里炸开了一声惊雷，震得评议会现场一片寂静，大家面面相觑。平心而论，面对这样尴尬的场景，当时的学校领导还算民主，他当即表态：教学比武还是要参加的，至于怎样讲，这节课就由参赛选手自己决定吧！就这样，瞿锡松最终在全国教学观摩会上获二等奖。

这件事对瞿锡松影响很大，致使他后来当了校长，一直特别强调，教师的工作是个体的、是有个性的，只要教师热爱自己的本职工作，热爱自己的学生，热爱党和国家，他就没有理由讲不好一节课。作为领导应该关心的，是教师的素质培养、业务的提高、生活的改善，要帮助教师解决他的后顾之忧，使之心情舒畅，充分发挥主观能动性，全心全意投入教学工作，这才能进一步提高教学质量。

当年的手工电弧焊课程讲授只从理论上分析，学生一般不易理解，但要实践，就需要通过焊接样品进行宏观观察，再制取试样进行显微组织分析等环节才能完成，再加之以上过程需要在不同的现场和实验室来进行，一般在教学中无法实现。所以，该课程急需电视教学，只有在电教片中，经合理规划与设计，选出一些典型画面，才能在较短时间内展现清楚。另外，焊接内容中的焊接冶金过程、焊接方法与工艺等现场无法看清，更需借助动画和其他手段来体现。根据上面的分析，石文义老师精心构思和设计，完成了焊接两部电教片的脚本，并送交会议指定的有关专家审阅，均顺利通过。这是学校历史上第一部电教片。在摄制过程中，因动画制作没有设备，只能求助外单位协助，在兰州地区不能解决的情况下，联系外省有关单位协助完成。兰州石油学校摄制的两个片子完成后，在专家初审与复审时，都获得了很高的评价。其中《手工电弧焊》还被评选为全国优秀电教片。随后，《手工电弧焊》由高等教育出版社面向全国出版发行，经高教社推荐参加了“全国首届优秀电教教材评选”，这是甘肃省唯一的参评片，最后喜获三等奖，还由中国教育电视台向全国进行首播。根据国家教委和高教社的意见，又译成英文，进行国际交流，在“第三届国际现代工业培训学术会议”上，受到了中外专家的好评。

《手工电弧焊》电教片的成功，让石文义老师深深地体会到，教学改革是提高教学质量的重要途径，必须长期坚持；在确定教改方案时，要根据课程的性质和具体内容有针对性和可行性地进行，千万不能搞形式，要讲实效。创新，肯定是有一定的难度，但要敢于设想，大胆实践，要投入较大的精力，要有敬业精神……

听，他们一个个说得多好啊！虽然没有震撼人心的事迹，没有惊天动地的豪言，但平凡的回忆却使我们在一丝丝“乡愁”的回眸中，铭记了一段历史。难忘的岁月总那么令人神往。虽然很清贫，但是处在那样的时代环境里，学校没有迷失，老师没有失志，那种对祖国工业职业教育的孜孜探索，就像涓涓的细流，给我们后来者留下了诸多绵长持久的回味，也给我们后来的职业教育提供了最原始的积累。反观有多少现代人，甚至不乏有才华之人，他们在物质主义的重压下，失去了精神的灼照，乃至因理想缺失而导致了灵魂的扭曲。

策马溅夕阳

兰山巍巍，夕阳正浓。

这是一位祖国职业教育先行者的朴素襟怀，这是一位祖国石化工业奉献者的无悔追求，这是一位支援祖国西部孺子牛的光辉本色。

在中石油和中石化劳动模范的光荣榜上，都镌刻着他的名字；在全国优秀教师的大红喜帖上，滚烫着他的名字；在甘肃省先进工作者、先进职业教育的名册上，书写着他的名字……

他就是我国职业教育最初的探索者和践行者，我国石油、石化企业生产技术攻关能手，原副校长王璠瑜教授。他把自己满腔的热诚和全部的智慧，毫无保留地奉献给了大西北建设和新中国的石化事业。

20 世纪 50 年代，年轻的共和国，百废待兴。党和国家向全国有志青年发出了支援祖国西部建设的号召。已从北京石油学院第一届研究生毕业被分配到天津工作的王璠瑜，挟青春之浩气，千里迢迢，一路向着梦中的地方——兰州奔来。他满怀壮心，投身于兰州石油学校。而当时的兰州石油学校仅有在建的几排简陋平房，这些着实叫芙蓉国里长大的王璠瑜心里发慌。但经过了一番心灵的激战之后，他还是选择了留下。

王璠瑜以极大的勇气克服着生活习惯的困难，他与刺骨的寒夜搏斗，他在漫漫的黄土中适应，迅速融入学校初建的队伍当中。他上午给学生授课，下午带领学生建设校园，他还肩负着建设专业学科之重任，带领学生进工厂，入农村，了解国情，了解企业，用事实启迪大多来自甘肃的学生对知识渴求的意识和对职业教育的认识……他与嘶叫如烈马的西北风一起坚守着理想的圣地。

正当这位热血的知识青年甩开膀子大干的时候，席卷全国的“文革”大潮向他滚滚袭来。他成了“牛鬼蛇神”，住进了“牛棚”，又被下放到兰炼劳动。在逆境中，他没有气馁，理想在他心中坚如磐石。他虚心向工人学习，拜工人们为师。看着一双没有袜子的脚塞在四处漏风的凉鞋里，在整个寒冷的严冬中行走的知识分子，淳朴善良的工人师傅心如刀绞。师傅们给他送来了棉鞋、棉手套，先生心里暖流涌动。他一口气攻克了机械密封在丙烷泵上的长周期运行，机械密封在高温汽油泵上的长周期运行，单级悬臂热油泵经常发生不明原因的轴头断裂问题，石墨棒的简易浸巴氏合金、浸铝、浸铜方法等 4 个技术难题，这不仅为兰州炼油厂解决了当时生产中的技术难题，还在整个石油系统被推广使用。享誉石油、石化界的“端面密封技术理论探讨”也正是在这一时期诞生的。一时，先生在全国石油界声名鹊起，人脉兴隆。

终于，科学的春天来到了。许多石化系统大型企业拿出总工的职位挽留他，研究生同学在繁华的大都市引荐他。对此，他挥一挥手，默默回到了学校。

呼啸猛进的时代总是能够创造人、解放人、升华人。当再一次登上阔别多年的讲台时，王璠瑜夜以继日地工作着：课堂上，他更加注重每一个细节的讲解，注重每一个试验的演示，注重每一个重点的概括，他恨不得把自己多年沉积的知识，一口气都告诉他的学生；课后，他深入学生中间，把学生的每一条建议、每一个疑问都认真地记在本子上，以便贯穿到下一节课的内容中；夜里，他结合学生的反映和当天教学的感受，记录着授课心得。先生先后教授大专、中专的内燃机原理、热力学、物理、石油及油品的储存与运输等 16 门课程，他用渊博的知识教育着学生，用人格的魅力影响着学生。

20 世纪 70 年代末，随着新中国石化工业的迅速崛起，国家急需这方面的建设人才。中国石化总公司任命他为全国石化系统化机专业指导组组长；甘肃省教育厅任命他为全省中等专业高级职务评审委员会理工科组长。受命以来，他上北京，下广东，走新疆，入上海，哪里建炼油厂，他就出现在哪里任技术指导；他在玉门、长庆风里来、雨里去，马不停蹄地奔走，培训教师，指导完成教育部下达的教材编写任务，结合自己长期的工厂实践经验，用自己深厚的理论知识，编写完成《流体力学》《炼厂机器》《化工机器》等多部教材。这不仅是我国石化系统最早的全国通用教材，也是我国职业教育最早的全国通用教材，有些院校至今仍在沿用。

1981 年，历史把王璠瑜推到了学校教务校长的位置上。先生主政学校教务期间，在全国同类院校中率先推行一系列教学改革：建立教师业务档案，评估教师教学质量，学生评议教师，设立教师奖金制度，并按照评估结果拉开奖金档次。瞬时，一个教师崇尚教学、学生崇尚学习的风气在学校蔚然成风。回忆起这些美好的时光，不论是先生，还是现在在企业从事各种技术领导的他的学生，都无不感慨。他们说，正是这些好的教育，才使他们从一开始工作，就在积累知识方面养成了喜欢学习的良好习惯。

这种前瞻性的价值导向，为探索我国职业教育的模式进行了很好的尝试。即使在 20 多年后的今天看来，也有其价值所在。这就是石化学院毕业生在市场中抢手的很重要的原因之一。

而今，年近八旬的王璠瑜虽然已经退休，但他仍然坚持去实习工厂搞科研。他研究推导出了焊接波纹管的计算公式，推导出金属波纹管力学性能的计算及磁力联轴器在转轴密封中的应用和计算，这些学术成果在专业刊物《流体工程》上发表以后，许多石化企业马上应用，效益倍增；他研制的“钕铁硼磁传动无泄漏泵”获甘肃省科技进步二等奖；他主导研制的北京燕山炼油厂 90 千瓦磁力驱动泵技术，创造了功率最大、运行周期最长的两项全国性纪录；他的端面比压计算公式攻克了石化企业端面密封方面的技术难关。目前，他正在创建对轮联轴器的单表找正法的新的理论，他正在探讨磁力传动理论，他很关注甘肃陇东新能源的开发……在先生的世界里，没有冬天，一年四季春意盎然。

王璠瑜奉献了毕生精力的兰州石化学院，饱蘸了几代人的智慧和心血，已经发展成为全国首批28所重点建设的国家示范性高职院校之一，学院获得了全国30所就业明星示范性院校的殊荣；

王璠瑜亲自教出的学生数以万计，这些学生中的绝大多数已经成为国家特大型、大型企业的掌门人和技术骨干；

王璠瑜指导教育过数以千计的甘肃学生，这些学生一人走出了山沟沟，带动了一个家庭的富裕，如今他们都在为自己家乡脱贫致富发挥着重要的作用；

王璠瑜探索和实践的新中国职业教育经验不断被总结、推广；

王璠瑜解决的诸多困扰企业发展的技术理论，仍然在发挥着效益……

目睹这些，先生欣慰地笑了。

梦，就这样在圆；理想，就这样在实现。

早霞熔金，光芒四射。母校即将迎来她光辉灿烂的60华诞，让我们在举杯庆贺的时候，永远铭记五六十年代响应国家召唤志愿支甘的知识精英们，他们像王璠瑜一样，告别了美丽富饶的家乡，在甘肃各行各业的建设中做出了卓尔不凡的贡献！

沧海留遗珠

一想起这段历史，我就平添了些许无名的悲壮。

但历史毕竟没有如果，只有结果。

1986年，对于兰州石油学校和兰州化工学校的教职工来说，的确是在惊喜、彷徨和遗憾中度过的。

这年初春，和春风一起吹进校园的还有筹建“兰州石油化工学院”专家论证会的喜讯。论证会是由甘肃省人民政府和中国石化总公司联合在兰州石油学校召开的，规格可谓够高。时任甘肃省省长贾志杰，副省长张吾乐，中国石化总公司副总经理张万欣，省政府办公厅、省教育委员会、中国石化总公司人事部等各路负责人以及兰州地区大专院校和科研单位的部分专家教授齐聚兰州石油学校，级别也可谓够高。一场前所未有的大规模论证会在这样浩浩的声势中进行着。会议根据国家经济建设向西部转移的主要精神，对在兰州创办一所石油化工类高等学校的必要性和可行性进行全面论证。

结果，一致同意利用兰州石油学校和兰州化工学校的办学资源，在省内其他高校抽调部分教师，新建兰州石油化工学院。

而且，省长发话，要一步升本到位！

消息传开，人们奔走相告。

要升大学啦！

其时，兰州石油学校和兰州化工学校的办学实力和办学水平，一直深得上级政府部门的极高评价，学校在改革发展中不断总结办学经验，始终寻求长远发展机遇，探讨新的办学途径。这无疑是水到渠成的。因此，论证会后，甘肃省人民政府和中国石化总公司联合及时向教育部提请《关于筹建兰州石油化工学院的报告》。

随后是漫长而迫切的等待。

再随后因种种原因未获批复。

学校失去了一次良好的发展机遇。当时，不知是省上哪个部门不坚挺，还是中石化个别单位不给力，总之，千载难逢的机遇就这样溜走了。时年，我担任兰州石油学校校长秘书，目睹和见证了这一历史的全过程。如今再忆这段往事，满心悲凉。紧闭双眼，突然觉得年轻学校的这一场经历，就像一场没有做完的梦那样绮丽眩目。

再后来，我和同样担任过兰州化工学校校长秘书的侯宏勋忆及此事，两人无限感慨。

1991 年后，随着我国职业教育的迅速发展，在甘肃省教委的全力支持下，学校先后多次申办高等职业教育试点班、高等职业技术大学，均经省教委批准，上报国家教委。

1995 年，经国家教委正式批准，兰炼职工大学作为高等职业教育试点学校，开办高等职业教育试点。

1997 年，兰州石油学校和兰州化工学校合并为兰州石油化工学校。关于这次合并，两校的主管上级中国石化总公司非常重视，中国石化总公司总经理李毅中亲自带队，住在学校招待所，蹲点整整 7 天，召开无数场座谈会，找无数人谈话。

这次合并改写了两校历史。

1999 年，国家教育部批准学校升格为兰州石化职业技术学院，成为甘肃省首家独立设置的高职院校。

| 兰州石油化工学校揭牌仪式

这也算是好事多磨吧。

历史往往有着惊人的相似。岂知早在3年前，兰州化工学校也有一次铩羽而归的记忆。

1983年2月，中国石化总公司成立伊始，拟定在北京办一个学院，规模800人，学制2~3年。此外，还要创办6个分院（即培训中心）：北京石科院为工程师进修中心，兰化为石油化工干部培训中心，金陵公司和高桥公司为外语培训中心，大连石化公司为管理干部培训中心，长庆公司为政工干部培训中心，宁波镇海公司为企业管理干部培训中心。

闻知此消息后，兰州化工学校欣喜不已。学校紧急召开相关会议，经过讨论一致认为，如果总公司能够在兰州化校的基础上办培训中心，那就是学校建设和发展的大好机遇，一定要争取办成！学校为此还提出了如下建设规划：办学规模为1680人，其中大专生720人，中专生960人。开办专业：在现有9个（无机化工、基本有机合成、化工机械、化工仪表自动化、工业与民用建筑、财务会计、机械、现代汉语、企业管理）的基础上，还可以在化学工程、石油化工、高分子化工、工业分析、工业催化、精馏、环境工程、环境监测、腐蚀与防护、工业企业电气化、外语等专业中进行选择，分期分批地开办新专业。师资配置：按照大专师生比1:6.9，中专师生比 1:8.5，共需教师 217 人，现有 115 人，缺 102 人，依据办学规模，校舍建筑需 19000 平方米，包括教学楼、实验楼、图书馆、实习工厂、行政用房、食堂、宿舍、附属用房、家属宿舍等。基建经费需1280 万元，设施设备经费需 360 万元。将教学楼、食堂兼礼堂列为第一期工程，职工住宅、学生宿舍、实习工厂和田径运动场列为第二期工程。多么详尽的规划啊！

学校派专人去北京。北京派员来校实地考察。

一切都在按预期进行着，有一时期似乎也很顺利。人们在热切地期盼着。

然而，最终学校没有成为中国石化总公司的培训中心。

但一年后，学校却顺利地划归中国石化总公司直属领导，基本建设大体上也是按照《建设规划》实施的。

是挤独木桥拼命追求学历教育拔高呢？还是国家从大局出发，坚持职教特色，继续为祖国社会主义现代化建设培养适应新时代要求的第一线高素质人才呢？好多人都在思考。正像李全喜老师说得那样，开始，我们也曾摇摆过。但经过多方面调查研究，同企业的人事部门、教育主管部门进行了广泛深入的交流，逐渐理清了思路，更坚定了我们的信念。我们认识到，千军万马挤独木桥肯定是不正常的，必须服从国家建设的大局。既然入了职业教育院校的大门，我们只能按照职教毕业生的目标来培养，因为这是我们的历史使命，是我们的职责定位。至于学生未来的发展前途，完全掌握在学生自己手中。你可以通过继续深造学习走入更高的阶梯，也可以在工作岗位上干一番事业，创造突出的业绩，展现个人价值，求得进一步发展。职教院校从来没有也从来不会限制学生的命运和前途。几十年来，众多毕业生在全国各石油企业创造了辉煌业绩，受到了企业的高度重视和提拔，个人得到了很大的发展，这难道不是得益于学校长期以来所坚持的正确教育吗？

风自东方来

春天终于悄悄地来临。

一切竟然是这样的平凡，花朵在枝叶间喧闹，潮水在江河中激荡，诗人说，“阳光，谁也不能垄断”。但一切又都是极不平静的：久违的春天为受尽折磨的中国人带来了缕缕生机和希望，更带来了大力发展职业教育的好消息。

记忆是那么的清新而美妙。

时间：1999 年 9 月 10 日。地点：兰州石化职业技术学院东区礼堂。甘肃省人民政府和中国石油天然气集团总公司联合召开大会，隆重举行兰州石化职业技术学院挂牌仪式。这是 20 世纪甘肃高校的一次盛会，数十所高校的负责人齐聚一堂，场面宏大而热烈。终于，甘肃有了自己第一家国家独立设置的高等职业学院。

这注定是一个定格在甘肃教育界具有伟大转折意义的场面，这也是一个奠定了兰州石化职业技术学院此后诸多辉煌的场面。

后来，有教育界权威说，正是从这一刻起，老百姓看到了甘肃教育的声势与希望。也是从此短短的十几年间，甘肃的高等职业院校犹如雨后春笋般地发展到 20 多所。高等职业教育的复兴和崛起，为国家经济和社会发展做出了重要的贡献。于是，就有了国家对高等职业教育的肯定：这对满足人民群众接受高等教育的多元化需求，为国家培养各类适用的技能型人

| 兰州石化职业技术学院揭牌仪式

才，具有重要的积极作用。而这其中兰州石化职业技术学院的示范引领作用也是难以估量的。

因为此时正是我国工业化建设明显高度化阶段（即 1993 年至今）。

之所以将 1993 年作为新阶段的起始年，是因为 1993 年之后重工业呈现快速增长势头，工业增长明显转向以重工业为主导的格局，从而再次出现了重化工业迅猛发展的强劲势头。但是，此次重化工业的增长机制与改革开放前的情况相比有着本质的不同，后者是不计客观条件的盲目“跨越”，而前者则是结构变动的趋势基本上符合工业演变的规律。

90 年代中期以来，中国经历了工业化进程中从未遇到的情况，即短缺经济的结束。告别短缺是工业化的必然结果，但是当真正结束了中国经济一直被短缺所困扰的局面后，在短缺经济条件下依靠数量扩张、扩大生产能力的外延式发展的后遗症凸显出来，结构性矛盾深入到技术结构、产品

| 兰州石化职业技术学院成立

结构、企业结构等更深的层次。在制约因素由供给转向需求之后，消费导向型的工业化战略则因缺少新的消费热点而短时间迷失了发展的方向，这一问题在 1998 年之后的二三年间十分突出。为了解决这些问题，采取了扩大内需、发展高新技术产业、用先进适用技术改造传统产业、对国有经济实行布局的战略调整、推动企业重组、加速发展民营经济等一系列措施，深层次的结构调整成为这一时期工业化进程中的主线。

那些年，居民消费结构再次出现升级，而且这一升级的幅度是很大的，也就是说，居民的消费结构由吃、穿、用向住、行的升级和转变，从而使得房地产、汽车等产业成为新的高增长产业。尤其房地产投资额每年均超过 20%；2002 年汽车产业增长了 38.8%，其中轿车增长 55.2%。尽管汽车产业的超高速增长具有加入 WTO 背景下购买力集中释放的因素，但保持高速增长的态势正在形成。由于汽车等行业具有产业链条长的特点，对相关产业的带动作用很强，尤其是对钢铁、机械、化工等重化工业产生了较大需求，这是近年来重化工业加速发展的主要原因。

经济体制改革是这一时期最重要的进展，初步建立了社会主义市场经济体制，确立了市场对资源配置的基础性作用，产业的市场化程度显著提高。经过外资、民营企业的快速发展，以及国有企业的改组、改造，国有企业在工业产出中的份额由1980年的76%下降到了2000年的28%。

对外开放：中国工业化进程的加速器。

中国的工业化是依靠市场化改革的不断深化和对外开放的不断扩大而获得加速发展的。

1979年，中国设立深圳、珠海、汕头、厦门4个经济特区，这是在整个经济体制难以在短时间内转型条件下，以经济特区的形式进行制度试点和局部突破的战略尝试。特区奇迹的示范效益，验证了对外开放战略的正确性，并由此打开了关闭30年的对外开放的大门。

1984年，开放了沿海14个城市。

1988年，对外开放的地域在沿海铺开。

1992年之后，对外开放扩大到全国各地。

2001年，中国加入了世界贸易组织，标志着对外开放进入了一个新的阶段。目前，已形成了全方位、多层次、宽领域的对外开放格局，开放型经济基本形成。

随着工业化进程的加快，中国制造业领域逐渐形成了独特的比较优势和竞争优势，这就是低成本的制造优势。根据澳大利亚国立大学的研究，以中国特定工业产品出口的比重与全世界同种产品出口比重之比，作为度量中国产品在国际市场上的竞争力指标，也被称为显示性比较优势指标。

借此机遇，国家才真正下大力气发展高等职业教育。从此，我国高等职业教育以前所未有的速度跨越式发展，甚至占到了高等教育的半壁江山。

在学院这次成功转制的过程中，教学副院长汝宇林广集资料、准备文本、上下协调，发挥了极其重要的作用。

学院升为大专后，时任院长王永统、党委书记邹宗杰带领全院职工积极探索高职教育路径，他们尤其注重科研和学术氛围的营造。1999年11

月，学院委派何华老师前往北京国家新闻出版总署申办学报和校报国家公开发行刊号，何老师利用人脉资源，一举拿到《兰州石化职业技术学院学报》和《兰州石化职业技术学院校报》两个国家刊号。2000 年，在庆祝“五一国际劳动节”大会上，学院授予何华“特殊贡献奖”，予以奖励。《学报》的公开发行，提升了学院知名度。当时，甘肃只有 6 所高校具有公开刊号，石化学院便是其中之一。如今，看着《学报》越办越好，不由得涌起了我们对国家新闻出版总署原署长石宗源的无限缅怀！（石宗源曾任甘肃省委常委、宣传部长，后任贵州省委书记。）

第三章

春潮起宏图

总有一种精神，激励我们奋发有为。

进入21世纪，高职教育的春天来到了。新世纪、新阶段、新期待，这是媒体给我们描述的跨越21世纪的美好心情与希冀。

然而，随着我国高职毕业生人数的急剧增加，社会猝不及防、准备不足，由此引发了一连串社会人才结构发生变化等重大问题。一方面，为数众多的大学生就不了业，另一方面，社会又渴求人才；一方面，大学生观望彷徨，另一方面，党和政府又有很多政策鼓励就业；一方面，大学生期望值过高，另一方面，用人单位满意度不高……对此现象，兰州石化职业技术学院却冷静地研判形势，清醒地提出“遵循规律，适应市场，追求特色，产教结合，突出技能”等一系列全新的办学理念，由是引导了学院持续以来的高就业率，在工业职业教育行业的“长子”作用愈加凸显。

翻开2013年隆重推出的世界500强企业名单，中国石化总公司赫然名列第四，成为排名最靠前的亚洲企业，是中国企业500强第一名的国际知名能源化工企业；紧跟其后的是中国石油天然气总公司，排名第五。

激动人心。鼓舞士气。

为了国家的富强，为了民族的梦想，数百万石化产业大军爱国、敬业，他们在实现中国工业化的探索中，在实现中国梦的进程中，不就是在践行着社会主义核心价值观吗？

中国石油和化学工业仅仅用了几十年的时间就成功赶超西方企业的百年历程，靠的是什么？

靠的是一种精神，更靠的是我们自己培养的人才队伍。

这之中，兰州石化职业技术学院发挥的作用无可估量！

隔行如隔山的人们，过着相似的生活，不仅相似，而且相似得十分具体。城市像一个巨大的蜂巢，而我们变成了蜂巢里一只只小小的工蜂。可以说，在这样的转型期，恰恰最需要总结给予我们舒适生活的工业发展史。通过了解祖国工业化进程的艰难历史，人们去思考，并以此来对我们今天的个人生活和整个社会模式加以探索与修订。任何时代与个人，如果有一个好的自我认识，就能拥有好的自我建设。历史的人和事则是这个认识最好的一面镜子，对时代经验的提炼与表达，是人类对社会生活的一个基本责任。

踏浪万道梁

六月的北方，空气干燥闷热，冲天的热浪一拨接着一拨向人们涌来。学院党委书记赵菊芳带领一个小组向平凉、庆阳等陇东方向挺进；院长张方明带着一行教工向武威、张掖等河西走廊进发；党委副书记周兴中带队朝陇南、天水方向走去……他们要去甘肃各个中学的生源地进行招生宣传。

进入新世纪后，由于受世界经济增速明显减缓的影响，以及国内经济的一些深层次问题尚未得到有效解决，我国宏观经济增长又遇到了新的问题，继续保持宏观经济持续快速增长的难度进一步加大。20 世纪 90 年代末，时任总理朱镕基实施“抓大放小、小型国企该卖的就卖”等一系列国企改革新政后，出现了 4000 万国企员工的下岗潮，加之中国石油和中国石化进行上下游重组，推进内部结构调整的大幅度改革等等，这样一来，就业难问题一下子就显现了出来。

众所周知，“职业教育即是就业教育”，就业难自然导致了招生难。还有群众对职业教育的认识不足，社会舆论导向尚未形成，社会对高职教育认可度不高等诸多现象，导致高等职业院校的招生进入了冰冷的“寒冬”……

这些新出现的问题和困难犹如学院创建之初的艰辛。

千难万难，招生最难！

刚刚走马上任的新一届学院领导班子看在眼里，急在心里。

但再急，也得出招啊！

受命于开局之难的新一届学院领导班子，没有被眼前的困难吓倒。经过冷静的分析和研判，他们认为，当务之急是招生，是宣传，是扩大学院知名度。

于是，才有了上述各个小分队向甘肃 14 个地市 86 个县出发的浩荡场景。他们宣传学院，争取生源。他们几乎是站在甘肃的每一个中学门口，散发着学校办学实力的宣传单，宣讲着学校育人理念和学生的就业去向。

场面感人，感召学子。

刚到武威，张方明等人就直奔民勤一中。身为一院之长，他没有过多的讲究，他和宣传组其他成员一起站在民勤一中大门口，向学生和家长们发放学院宣传资料。太阳的光线直射头顶，照得他大汗淋淋，顾不上喝水，顾不上休息，不停地向学生介绍着学院情况。突然，一群公安干警出现在他和他的同事面前，不由分说，张方明等人被“请进”了当地派出所。经过身份认定和一番交涉后，干警们才搞清楚，这竟然是大学的校长亲自带队在宣传学校，而并不是不法成员在散发传单！误会，误会。一场误会，一场传唤问话，使人哭笑不得。

如此这般折腾了一整天，大家伙都已筋疲力尽，而张方明却乐呵呵得精神依然，他把大家带进了一家面馆，给每人要了一大海碗面条后，对大家说：“开园西瓜新大蒜，头茬新醋把面拌。”笑声在小面馆里欢快地回荡。

山风送来阵阵清凉。住在小县城那非常简陋的招待所里，张方明怎么也睡不着觉。休息了一整天的月亮，此刻却精气神十足，它不知什么时候悄悄地溜了出来，透过婆娑的树影爬到了床前。心烦意乱，不能平静，思想就像狂风吹过的苇草，七零八落。张方明索性爬了起来，研读随身携带的有关高职教育书籍。这是张方明刚刚从甘肃农业大学调任学院院长的第一个年头，他要尽快熟悉还比较陌生的高等职业教育。

平心而论，张方明的本领就在善于学习，勤于思考，他不仅不墨守成规，还想时时冲破成规；他的智慧也在于能够不失时机地把握所遇到的每一个机遇，包括那些不像是机遇的机遇。他浑身充满精力并散发魅力，一刻也闲不住，有极强的适应能力。正是这些品格和特质，才不断地吸引着人们愿意和他一起奋斗。也正是这些品质和特质，才使得他和班子成员一起领导着学校在全国同类院校中脱颖而出。

这样的宣传坚持了好几年，终于换来了新生生源的日益回暖。

2006 年，学院党委书记赵菊芳因年龄原因退休了。从这以后，学院党委书记一职一直空缺。

2006 年年底，张方明和学院领导班子提出要更加注重需求导向，不能光蒙着头、关着门、脱离需求办学，只有坚持与国家战略和区域发展需要同向同行，才能得到政府和企业更多的支持，才能促使学院可持续发展。

基于此，学院郑重提出并实施院领导暑期带队赴企业调研的“走出去”战略。以深入了解企业经营情况、企业项目建设进度及发展趋势，深入调研毕业生就业情况，拓展学生就业渠道，洽谈用人单位对技能人才的需求意向，听取用人单位和毕业生对学院人才培养工作的意见和建议，为教学改革、课程设置以及谋划学院可持续发展等获取第一手资料。学院领导张方明、周兴中、孙松滨、黄义仿、汝宇林、蒲卫晖、程小红、宋贤钧等悉数出动。

新疆是我国煤炭、石油天然气资源的重要基地。尤其在中央新疆工作座谈会召开以后，国家采取了一系列力度空前、投入空前、措施空前的举措，为全力推进新疆跨越式发展和长治久安，党和政府举全国之力开发建设新疆，使新疆迎来了千载难逢的重大历史机遇。作为首批国家示范性高职院校的兰州石化学院，身处西部的有利地域，岂能错失如此机遇？

学院主要领导审时度势，及时召集学院班子成员连续开会，广开言路，集思广益，最终制定了一整套战略措施，那就是，抢抓机遇，立足西部，主动适应区域经济发展的需要，为社会、为企业培养对口的专业技术人才，积极主动地融入新疆发展及相关企业技能人才供给的链条之中，对拓展学院在新疆地区长期稳定的就业空间和市场，进一步扩大学院在新疆地区的影响力具有十分重要的战略意义。

措施既出，立马执行。

学院迅速成立了由院长张方明带队、副院长程小红等参加的新疆调研组。

踏上广袤无垠的新疆大地，尽管是冒着酷暑、放弃假期休息而进行调研，但调研组一行兴致却格外高昂。新疆广汇新能源有限公司，是一家经济实力名列前茅的大型企业，是新疆广汇实业投资（集团）有限责任公司全资子公司，公司利用新疆哈密丰富的煤炭资源和得天独厚的发展煤化工的自然资源优势和交通便利，投入巨资在哈密伊吾县淖毛湖分四期建设煤化工工程公司。煤化工，与石化学院有天然的默契嘛！闻此消息，调研组显得异常兴奋，他们顾不上疲劳，立即和该公司主要领导就煤化工产业的战略地位、现状以及发展前景进行广泛而深入的交流。随着交流的不断深入，具有同样胸怀抱负的人相见恨晚。新疆广汇新能源有限公司董事长向东对石化学院主动联系企业并输送优秀人才表示惊喜和感谢。他说，占该企业员工40%的石化学院的毕业生没有娇气，也没有懒惰，动手能力很强，工作踏实，吃苦耐劳，总体上要强于一些二本等院校毕业生。向东董事长特别说道，像薛小春、马毅科等毕业生在工作实践中已经逐渐成长为业务中坚，虽然这些孩子工作时间只有短短的四五年，但已成为技术工程师。谈兴正浓时，生产部部长张鼎接到一个处理技术问题的电话，张部长随即告知找马毅科处理，很快反馈，技术问题已经解决。看到这里，向东感慨地说，“石化学院的学生就是过得硬”，并表示今后石化学院的毕业生只要愿意来，有多少要多少。

随后，企业专门召开了校友座谈会，参会的校友代表争抢发言，气氛热烈。校友们由衷感谢母校多年来的培养之恩，着重介绍了在单位的工作情况，还在学习、生活、社团活动等方面对在校的师弟师妹提出了中肯的建议。生产部调度工程师薛小春校友谈到自己在新疆广汇新能源有限公司的经历，从起初的一名操作工，到现在月收入1万多元的生产部调度工程师，在令人羡慕的背后，是他自己不懈的努力和对学校优良校风的传承。谈到薪金待遇问题时，薛小春认为，刚开始待遇不见得很理想，但只要坚持下去，就会有丰厚的回报。听完薛小春的发言后，张方明感慨地讲道："事实证明，拥有踏实肯干态度的求职者是企业最乐意接收的。员工的工作态度为大部分企业所看重，工作态度有时比专业知识更重要。一个人的知识技能可以通过培训提高，但工作态度则很难通过培养来改变，始终如一的坚守和踏实肯干的态度才是做好一切的基础。同学们应准确自我定位，不要一味看重工资待遇，而是要注重企业和个人的发展空间，尤其在民营企业，当个人在企业展示出工作能力之后，工资待遇会随之上涨，发展空间就会更大。"同时他希望校友们加强业务学习，提高综合素质，从容面对各种挑战，坚定信念、努力工作，不辜负老师的期望，努力实现自己的社会价值。已经超过了用餐时间，可座谈会还在你一言我一语中热烈地进行着。

按照事先安排的行程，张方明和程小红等调研组成员走进新疆陕煤天元能源化工有限公司。握手，寒暄后，张方明立即与该公司王先辉副总经理就校企合作、企业人才需求、毕业生就业、人才培养质量、学生顶岗实习、企业员工培训及技术服务等工作进行广泛深入的探讨和交流，由于双向所需，态度诚恳，所以很快就达成合作意向。张方明一行驱车550公里，又来到了位于鄯善县石化工业园区的新疆美汇特石化产品有限公司。调研组一行受到了企业领导和人力资源部负责人的热情接待，在与企业领导和校友代表的座谈会上，张方明介绍了近年来学院主动适应高职教育发展的新形势，积极加快内涵建设，努力拓展办学空间所采取的一系列举措，学院的专业建设，人才培养模式的改革，人才培养质量的提高离不开企业的支持，需要深入做好市场调研，只有这样，学院才能更好地培养出企业需要的高素质、基础好的应用型技术型人才，实现与企业需求的无缝对接。同时，学院也将针对企业需求，制定出校企合作战略协议，实现校企和学生的多赢。公司马军平副总经理对学院领导不远千里走访企业、看望毕业生表示感谢，高度评价了石化学院学生的突出表现以及扎实的专业知识和良好的综合素质，认为学院毕业生务实肯干，对企业忠诚。他用“学生稳定率93.42%，核心装置所占比例45%”两个数字说明石化学院学生诚实守信，具有与企业共生存的好品质，他希望继续加大与学院校企合作的力度，建立深层次长期战略合作伙伴关系。张院长听后非常高兴，他说，诚实守信，是大学立德树人的灵魂。学院十分重视学生诚信教育，倡导学生在进入企业后，做一名诚实守信、敬业爱岗、团结协作的好员工。学院经过近8年的实践总结，形成了良好的诚信教育传统。从同学们的表现和企业的认可，他们更加坚定了做好大学生诚信教育的信心。

一路风尘仆仆，一路收获满满。

带着喜悦，带着激情，调研组一行踏进了位于吐鲁番地区托克逊县的新疆圣雄能源股份有限公司和中泰化学新疆新冶能源化工有限公司。两家企业的领导和人力资源部负责人在座谈会上，对学院培养的学生给予了高度评价，一致认为，兰州石化学院毕业生专业理论知识扎实、实践动手能力强、敬业精神突出，进步特别快，纷纷表示希望能与学院有更好的合作，希望学院能向公司输送更多优秀人才。当听到学院毕业生连续多年签约率在93%以上时，中泰化学新疆新冶能源化工有限公司董事长张群蓉当即叮嘱身旁的人事处副处长周丽丽说，兰州石化学院毕业生这么抢手，你们一定要抓紧时间，开学后马上就去学院组织招聘。张方明随即表态，一定满足企业的需求。此时，会场里爆发出起热烈的掌声。

在走访完新疆东部的 9 家企业后，调研组一行来到了地处五家渠的新疆新业能源化工有限责任公司进行走访调研。座谈中，当得知公司常务副总经理、总经理助理均为学院的毕业生时，调研组一行非常高兴，企业认为，只要培养的学生自身能力强、综合素质高，进入工作岗位就能迅速展现才华，担当重任，且有较强的发展后劲。在与企业领导座谈后，张方明、程小红等来到培训中心与 7 月初刚到公司顶岗实习的 64 名学生亲切交谈，他们讲到，用人单位对于学生的诚信越加看重，这种关注将会一直延续到其进入公司以后，毕业生若不能踏实苦干，稍有不顺或小有收获就离开公司，这对企业来说是一种损失，更是对学院声誉的损害。张方明、程小红希望同学们继续发扬“铁人精神”和“石化学院精神”，发扬不怕吃苦踏实肯干的作风，进一步磨练自己，一定要“HOLD”住，决不放弃，高标准要求自己，努力学习，进一步提升自己。语重心长的嘱咐，严肃认真的要求，像春风拂动着每个校友，校友们心怀感恩之情，个个点头接受。

在石河子市，张方明、程小红一行先后走访了新疆天业集团有限公司、新疆天富热电股份有限公司，两家企业领导均对学院毕业生的个人素质和实践技能表示肯定，并表达出期待与学院进一步深化合作的愿望。张方明在新疆天业集团有限公司人力资源部长陪同下来到 BDO 车间和正在车间工作的校友们进行亲切交谈，交谈中得知刚刚毕业仅一年的毕业生已经成长为岗位主操手时非常欣慰，感谢校友们在各自的岗位上取得的成绩，为学院赢得了荣誉。

结束石河子市两家企业走访调研后，调研组一行又来到了克拉玛依市，受到了学院杰出校友克拉玛依石化公司副总经理许立甲、新疆同益投资有限公司总经理李彦林、克拉玛依石化公司炼油化工研究院党委书记徐焕田的热情接待。张方明向校友们详细介绍了学院的发展状况及目标，说明了此次调研的目的和任务，对毕业生集中工作的地区，回访老用户，开发新市场，做到老用户不掉链，新单位不断线，采取走访用人单位的形式，对用人单位对毕业生的满意度进行摸底调查，并对存在的问题进行逐一解决，为今后的就业工作创造条件。校友们个个畅所欲言，追忆母校时期的学习生活，感谢母校的培养和关心，对母校的快速发展感到高兴，并介绍企业基本情况，同时希望将来有更多的毕业生到自己的公司发展，为母校的发展做出自己的贡献。

在新疆伊犁地区，调研组一行走访了中电投新疆能源伊犁项目、伊泰新疆能源伊犁项目、新疆庆华集团、山东能源新汶矿业集团四家企业，参观了生产厂区，了解了较大的人才需求计划，并就企业持续用人计划、人才要求及如何进一步密切校企合作、加强人才培养等方面和企业领导进行了广泛探讨和交流，达成了校企战略合作意向协议。

调研组一行到达了中泰化学新疆阜康能源有限公司进行走访调研，学院杰出校友中泰化学集团公司副总经理王龙远带领相关人员热烈欢迎张方明一行，向调研组介绍了公司的基本情况，并充分肯定了学院毕业生在企业的优异表现。王龙远特别说，难能可贵的是 2011 年 10 月份进入阜康能源氯碱厂 80 余名新员工，在不到两年的实习及上岗期间，大部分已成为主操和班长，还有一部分走到了专业技术管理岗位，这些成绩的取得得益于教师苦教，学生苦学，教学工作管理规范，学生管理严格以及老师们亲情般的问候与关怀和“石化学院精神”的熏陶，这些是校友们成长成才的重要因素。优秀校友、公司技术总监王春涵在谈到自己的成长时说，学校管理非常严格，早操、晚自习质量都很高，学风一直很好，这对我们很重要，希望今后能多一些社会实践的课程，让学生能早些接触工作、接触社会，有针对性地提高就业竞争能力。聚氯乙烯车间技术员贾朝朝建议学校要加强专业外语学习，坚持不懈开展晨读活动，随着业务的不断扩张，国际化趋势日益凸显，如果同学们掌握好了专业外语知识，又有较扎实的专业知识，就会在竞争中处于相对优势地位。听到这些优秀毕业生在工作经验、人生哲学以及事业与就业之间的关系等方面的独到见解，并在很短的时间内已能独当一面成为公司的骨干，张方明、程小红高兴地代表调研组一行说，现代企业最需要的是具有良好个人素质的能够踏踏实实工作的人才，我们的毕业生在用人单位之所以能受到这样的青睐，能有这么高的认可度，正是我们的学生具有很好的个人素质和能力。他鼓励他们要再接再厉，做出更大的成绩，为母校争光。

明月出天山，苍茫云海间。跨越在美丽如画的天山山脉，奔赴南疆片区走访企业，看望校友，开拓就业市场。酷暑挡不住学院领导为学子寻找就业单位的奔走步伐，40 多度的炎热更代表着广大校友期盼母校来企业相聚的热切心情。调研组一行首先来到南疆库车化工园区，园区位于库车县东城区，总体规划面积 50 平方公里，是中国石油和化学工业高新科技委员会评定的全国最具价值的十大化工园区之一，是国家塔里木石油天然气开发的主战场。中石化塔河炼化公司党委副书记施利春校友热情地迎接张方明一行，他详细介绍了园区内 500 万吨炼油项目的运行及历届校友工作情况，就下一步校企战略合作达成意向。调研组一行还走访了园区内辽宁华锦库车大化肥厂、新疆联合化工、新疆金石置业等企业，寻求与园区“快起步、高科技、大发展”相适应的技能人才培养与供给合作模式。

调研组赴南疆第二站来到了新疆轮台县，新疆轮台工业园区是南疆“石油大超市”，也是塔里木油田开发的主战场之一，园区规划 70 平方公里，目前入园企业 10 多家，工作组一行走访了新疆凯涟捷石化、巴州东辰等化工单位。到达轮台县新疆凯涟捷石化有限公司时，公司行政部长、学院 2008 年毕业生张兆彩带领许多车间主任校友像迎候久别的亲人一样，在恭候着自己的院长张方明一行，师生见面时的欢笑声回荡在戈壁绿洲之中，扩散着无限的幸福和快乐。

在美丽的南疆库尔勒市，调研组考察了库尔勒经济开发区。重点走访了美克化工、中石油塔里木炼油技改项目，中石油塔里木大化肥厂项目、西姆莱斯专用管项目等。在美克化工公司走访时，学院的老朋友美克化工副总经理徐天宏对调研组一行时隔三年第二次来到企业表示了热烈的欢迎，他详细介绍了企业三期项目建设的情况，当即表示 9 月份再来学院招人，希望张院长多宣传美克，提供充足生源。南疆是我国重要的石油天然气化工主战场，借南疆快速发展之际，学院力争为天山南坡经济带发展提供更多人才，寻求更多发展。

在新疆调研期间，调研组一行还到新疆轻工职业技术学院参观、学习和交流，与轻职院领导就人才培养质量、教育教学改革、人才队伍建设、课程体系构架、实训基地建设、服务培训延伸等方面进行了全面交流。

进东疆，上北疆，走南疆。调研组一行历时 18 天，行程 8000 多公里，先后走访了新疆广汇新能源、新疆陕煤天元能源化工、吐哈油田、新疆美汇特、新疆圣雄能源、中泰化学新疆新冶能源化工、新疆新业能源化工、伊泰新疆能源、新疆天业集团、新疆天富热电、中石油克拉玛依石化、新疆同益投资、克拉玛依盈德气体、中石油独山子石化、新疆天利高新集团、中电投新疆能源伊犁项目、伊泰新疆能源伊犁项目、新疆庆华集团、山东能源新汶矿业集团、中石油塔河石化、库尔勒瑞兴化工、中石化塔里木石化、库车二甲醚有限公司、库车新城化工、新疆凯涟捷石化、美克化工、东晨化工、紫光集团、新疆宜化集团、新疆神华集团、中石油乌鲁木齐石化、西北石油管理局、新疆石油销售公司、中石油青海油田、青海盐湖集团等 37 家企业，与企业的高层领导、人力资源部负责人以及在企业工作的校友们广泛接触，就校企合作、企业人才需求、毕业生就业、人才订单培养、学生顶岗实习、企业员工培训及技术服务等进行了广泛深入的探讨和交流，达成了多项合作意向，收到了良好的效果。

时间是短暂的，收获是巨大的。此次新疆走访调研之行对于今后进一步提高办学质量，增强办学的信心，增加毕业生就业机会和扩大学院的知名度和美誉度都将产生深远的影响。

通过调研，张方明、程小红等认识到，专业建设、人才培养模式的改革，人才培养质量的提高都离不开企业的支持，只有到企业调研，学院才能更好地培养出企业需要的高素质、基础好的应用型技术型人才，实现与企业需求的无缝对接。

通过走访企业，调研组深深地体会到：

新疆工业空前大发展，煤炭、石油天然气资源十分丰富，新建项目众多，兰州石化学院毕业生就业市场需求潜力很大；

学院经过近60年办学历史，品牌效应日益凸显，从调研的企业看，普遍对学院毕业生给予了高度评价，对毕业生的务实精神、工作能力、专业知识等方面做了充分肯定；

通过坚持走访调研这项工作，加强信息沟通，可以更多更详细地了解企业的实际情况，为学生的就业提供更加准确的信息，切实宣传了学院的发展建设和取得的成就，提高了学院的知名度，使用人单位对学院的专业设置、人才培养模式等有了更深入的了解。

要加大对专业的指导力度，加强就业指导工作。让学生对专业的发展方向及就业形式有深刻的了解，就业指导工作应该培养学生拓宽就业思路，增强学生求职技能，增加学生信息渠道，培养学生职业道德，加强学生诚信教育，提高学生的职业竞争力，引导学生树立正确的择业观念，充分利用校友的宝贵资源，加强与各地校友会以及校友的长期联系，及时掌握毕业生就业信息。

车轮滚滚，作别新疆。调研组一行绕道青海，走访了中石油青海油田和青海盐湖集团等企业，一路上，他们向用人单位介绍着学院的发展情况、毕业生就业工作的开展情况及此次调研的目的，了解了各单位招聘人才的具体需求，并就进一步加强校企合作、人才培养、员工培训和用人需求等方面与企业领导深入交换了意见。

在青海调研期间，调研组一行还走访了青海大美煤业股份有限公司、青海制药、盐湖海纳化工、青海虎彩印刷、亚洲硅业（青海）、西部矿业集团、中国水利水电第四工程局、青海宜化化工、青海云天化国际化肥有限公司等9家企业，与企业领导、人力资源部负责人、校友代表就校企合作、企业人才需求、毕业生就业、人才培养质量、学生顶岗实习、企业员工培训及技术服务等工作进行广泛深入的探讨和交流。企业家们对学院办学的肯定和对毕业生的赞许，更加增强了学院办学的信心，走访期间，先后与青海大美煤业股份有限公司、青海制药有限公司、青海虎彩印刷有限公司、亚洲硅业（青海）有限公司、青海云天化国际化肥有限公司等企业达成了校企战略合作意向。

在青海期间，调研组先后多次听取已毕业学生对学院人才培养及教育教学工作的意见。座谈会上，优秀校友、计算机应用专业062班毕业生、云天化集团仪表大赛第一名获得者、仪表车间工段长马斌强对母校的培养表达了深深的感激之情。他坦言，我今天能在工作岗位上开创一片新天地，那是母校给了我过硬的本领，如果说我今天能在广阔蓝天自由翱翔，那是母校给了我奋飞的翅膀。优秀校友、公司副总经理张多对“石化学院精神”进行了总结和阐述，认为“石化学院精神”是校友们成长成才的重要来源，教学工作管理规范，学生管理严格，老师们亲情般的问候与关怀，是激励他们奋进的“强心剂”，并表示他们将坚定信念，努力工作，不辜负母校和老师的期望，为社会做出新的贡献。

走访调研，进一步密切了学院与用人单位的联系，加强了用人单位与学院之间的交流合作，充分了解了用人单位需求和毕业生工作情况，对进一步做好学院各项工作将起到积极的推动作用。

行走四野，俯察社情，用企业所需来点亮学院发展之路。

学院党委副书记周兴中教授带领调研组分赴宁夏、内蒙古、陕西等地企业和用人单位，实地了解情况，宣传学校。

周兴中主要调研的企业有，神华宁夏煤业集团煤炭化学工业公司、宁夏石化公司、内蒙古庆华集团、内蒙古伊泰煤制油有限责任公司、陕西延长石油集团榆林能源化工有限公司、陕西蒲城清洁能源化工有限责任公司、陕西延长石油化建股份有限公司等20余家。

周兴中还通过网络、当地就业人才市场、当地经济开发区管委会等途径搜集就业市场信息，新开拓了一批有价值的就业企业。他与部分企业签订了初步的合作意向书。如宁夏宝丰能源集团、内蒙东源科技有限公司(中远亨峰能源化工有限公司)、鄂尔多斯化工集团、久泰能源集团内蒙古有限公司、西北能源化工公司、内蒙古天润化肥股份公司、内蒙古伊东集团东华能源有限责任公司等16家企业。周兴中与有关企业领导座谈28场，召开校友访谈15场，发放毕业生质量调查问卷136份，发放企业满意度调查问卷24份。通过上门拜访，实地考察，诚递请柬，合作研讨，周兴中代表学院签署了多个意向性协议，开拓新企业16家，签署《校企战略合作框架协议》，达成意向性用人计划数千人。

由于周兴中副书记分管学生就业工作，因此，他调研的问题相对而言更多的是集中在学生自身管理、综合能力培养以及学生就业质量的提升等方面。

在调研中，周兴中把自己多年来积累的学生管理经验和企业家分享，企业家也乐意回馈给他诸多宝典。因此，他拟定的调研内容就很充实了，收获也相当丰盈，这为他后来制定学生管理和教育的很多措施奠定了很好的基础。比如周兴中的调研涉及就业市场的需求情况，包括用人单位对毕业生专业知识和技能的要求，用人单位人才需求量的变化，企业对就业难的看法，企业选人时间及渠道，企业招聘时考虑的因素，学生面试时注重的素质，企业对毕业生的整体评价等等。这些都很实用，也极富前瞻性。

周兴中还对学生综合素质情况的调研开出了一个清单。

比如毕业生的综合知识储备情况；毕业生在知识应用和能力等各方面的表现；已毕业学生的岗位适应能力；企业对学生人格完善水平和综合素质各方面的评价等。

比如专业设置、人才培养及就业工作情况；学院专业设置情况；学院人才培养模式和教学方面的改革；学院人才培养的质量；毕业生顶岗实习情况；用人单位对学院就业工作的满意度；用人单位获取信息的渠道；学院在就业指导方面应给予学生的指导等。

深度了解，凝聚共识。很快，周兴中就与企业草签了校企人才资源共享、企业员工培训及技术服务等工作的合作意向。

周兴中率领的调研组同样在盛夏的假期进行，宁夏、内蒙古、陕西三省山原交错，酷暑燎人，但作为我国矿产资源的主要集中地区，三省的煤炭、石油天然气资源蕴藏丰富。当前，上述地区正处于新一轮聚力发展时期，以煤化工项目为核心的一大批重点工程已经或即将开工建设，企业人才资源面临新的机遇和挑战，社会需求较大，将为学院毕业生提供更加广阔的就业前景。

宁夏、内蒙古、陕西三省用人单位一致认为，学院走出校门，主动开展毕业生质量跟踪调查，是服务社会的具体体现，也是学院了解社会需求，进行教育教学改革，提高人才培养质量的有效做法。同时，用人单位也表示，石化学院毕业生对于改善行业、单位人员结构起到了重要作用，他们对学院多年来为本行业、单位输送了许多专业人才表示感谢；用人单位认为学院专业设置符合单位的用人要求；绝大多数用人单位认为学院毕业生在实践中运用专业知识的能力较强；毕业生专业知识牢固扎实，业务素质较高，能够较好胜任本职工作。经过岗位培训、实际工作锻炼，相当一部分毕业生在很短的时间内就能成为单位的业务骨干，独当一面；被调查的所有单位都认为学院毕业生的专业技能和岗位需求相吻合，对学院毕业生的专业技能有较高的认可度，大多数毕业生可以胜任企业中的相应岗位；用人单位普遍认为学院毕业生工作中吃苦耐劳，踏实肯干，勤学好问，上进心强，具有较强的自我调控和适应环境的能力。

既要看到成绩，又要广泛听取不足，甚至尖刻的意见，这是周兴中调研小组的另外一个目的。诚恳的态度，换来了用人单位的坦诚。有用人单位认为学院学生还应进一步加强实践动手能力的提高，特别是对生产设备装置的操作能力；部分毕业生对社会和企业缺乏深入的了解，对在生产一线锻炼的重要性体会不深，对个人成长的前景认识不足；少数毕业生缺乏吃苦耐劳的精神，承受挫折能力较低，往往遇到一点挫折和困难就无法坚持，选择离职；个别毕业生比较强调自身的个性发展，不适应企业工业化的规范化管理。

有这样真诚的建议，企业就有美好的期许。三省企业普遍认为，德才兼备，以德为先，学校应加强学生的品德教育；专业课程应进一步加强"针对性"和"实用性"，课程内容与职业资格标准需更好的相互沟通与衔接，实现课程的综合化。提倡专业互补，工艺、设备、安全、管理知识系统学习，尽可能培养一专多能型人才。如：学院杰出校友、内蒙古伊泰煤制油有限公司总经理齐亚平结合自身工作体会，建议化机专业的学生应开设两门仪表的基础课程，因为现代化设备都是由仪表控制，相关仪表课程通过自学不太好学；进一步加强学生在专业英语、识图绘图等方面基本能力的培养；建议增设污水处理、热能动力、环境工程等专业，有较好的市场前景；增加企业与学校的互动，这种互动不仅是专业技术的交流，还包括校企之间的文化结合。

带着沉甸甸的收获，周兴中等人告别了宁夏、内蒙古、陕西三省。在返回途中，他们讨论着，商议着，一个个有针对性的学生教育与管理办法就在这样的氛围中形成了。

盛夏的七月，骄阳似火。黄义仿副院长一行3人奔赴在中原大地和巴蜀山区，联系企业，拓展生源。他们先后来到了巴陵石化分公司、巴陵石化有限责任公司、岳阳长岭炼化公司、岳阳长岭机电公司、武汉石油化工厂、九江石化总厂、安庆石油化工总厂、荆门石化总厂、河南油田、湖北化肥厂、重庆一坪润滑油公司、重庆四川维尼龙厂、第三建设公司岳阳项目部等13家企业，一路风尘仆仆，一路日晒雨淋。但每到一处，黄义仿一行都兴致高涨地拜会企业领导，都要召开校友座谈会慰问校友，都要进行校友个别访谈，都要成立各地校友联谊会，都要向各企业人事部门了解学院历届毕业生工作情况，并着重介绍学院07、08年毕业生资源情况。他还向各企业领导及部分校友通报学院近几年的发展情况，特别就校庆五十周年的有关事宜及捐资助学等事宜与企业领导进行了交谈，此次走访活动受到了企业、校友们的热烈欢迎。企业、校友对选用毕业生、参加校庆活动、捐资助学等方面给予了极大的合作。这次走访的成果是，共建立了11个校友联谊会，取得企业领导校庆题字7幅，走访曾在两校工作过的教师2人，征得老教师回忆文稿1篇，多家企业派领导参加了校庆，捐赠了助学金。

尽管没有分管学生就业工作，也没有分管教学工作，但只要是有外出，黄义仿总是牵挂着学生就业工作和毕业生在企业所发挥的作用。

2006年8月15日至16日，甘肃省第二届高职高专校长论坛在酒泉市召开，分管学院科技研究等方面工作的黄义仿副院长代表学院参加了这次会议，并在会上做了精彩的演讲。会议空隙，他赴中国石油玉门油田分公司酒泉基地进行调研，并与玉门油田公司领导进行座谈，一边详细地介绍学院建校50年来，特别是近年来改革、发展所取得的成绩；一边了解企业发展和毕业生的需求情况。很快，双方就职工培训、毕业生就业等方面达成了初步合作意向。黄义仿副院长在该公司人事部门领导的陪同下，还专程前往玉门油田，看望了生产一线的校友，参观考察了炼油厂和发电厂。在玉门召开的校友座谈会上，与会的校友们快乐地回忆了在母校的学习和生活时光，表达了对母校的感激之情。中国石油玉门油田分公司领导和校友还表达了对学院50年校庆的衷心祝贺并愉快地接受了学院的邀请，后来还派代表参加校庆活动。

2015年4月16日，利用学院单独招生考试的机会，副院长黄义仿率领庆阳考点工作人员一行17人参观、调研了中国石油庆阳石化公司，庆阳石化安全副总监刘选礼、副总工程师钱义刚等领导陪同参观。在庆阳石化公司领导的陪同下，黄义仿一行参观了生产厂区、中央控制室、庆阳石化陈列展馆等地，观看了宣传展馆和多媒体宣传片，了解了庆阳石化公司日新月异的发展变化。

在中央控制室，黄义仿向庆阳石化与会领导介绍了学院近年来在人才培养、专业建设、招生就业、师资队伍建设、科学研究等方面取得的成绩，并对庆阳石化为兰州石化职业技术学院建设与发展给予的大力支持与无私帮助表示衷心感谢，希望双方不断扩大合作范围，提升合作层次，促进双方共同发展。双方还就校企合作、人才培养、互利共赢、共谋发展等相关问题交换了意见。

随后，黄义仿一行与学院优秀校友代表进行了座谈交流，他希望校友们要脚踏实地，从一线做起，努力工作，爱岗敬业，要关注母校发展，以优异的工作业绩回报企业，并期待他们在今后的工作中取得更大的成绩。

纪委书记蒲卫晖一行是学院派出的另一个调研组。他们赴粤闽琼三省走访企业，回访校友，到深圳职业技术学院进行校际考察交流，由于他分管学院文科系，所以，在广泛调研珠江三角洲石油化工、精细化工时，他还特别注重对人文、外语及印刷出版行业发展状况的调研，倾听校友反馈，了解企业用人新机制、新要求和人才持续需求计划；深入广东、福建人才市场，了解沿海用人市场的新变化，探索学院毕业生“线上+线下”应聘、人力资源合作的新模式，为学院专业办学和就业工作深入开展谋求新途径。

调研组先到深圳职业技术学院就人文、外语、印刷等专业教学改革和实训基地建设等方面进行了考察交流。之后，逐一走访了深圳柏高印刷包装集团、珠海正新油墨有限公司、广州本色印刷有限公司、广东智通人才连锁集团、广东海信光通讯有限公司、中海壳牌石油化工有限公司、中海石油炼化有限责任公司惠州炼油分公司、中海油能源发展股份有限公司惠州石化分公司、中国石油广东石化公司等9家企业，与企业领导、人力资源部负责人、校友代表就校企合作、毕业生就业、企业用人需求、新型人力资源服务等工作进行了深入交流。

学院杰出校友、深圳柏高集团总经理宋琳洁带领调研组到印前设计研发中心参观。柏高集团主要从事烟酒、礼品印前设计、印后包装和企划推广，芙蓉王是其全权代理品牌，与深圳劲嘉印刷集团有战略合作。双方就后期校企合作、人才培养等方面达成一致意见。

调研组来到惠州石化工业园区比较集中的中海壳牌石化、惠州炼化和惠州石化等用人单位，毕业生们从学院培养谈起，追忆校园生活、感念师恩、感谢母校培养。针对学院的人才培养、外语能力、课程设置和教材选择等方面，校友们根据实际工作过程中的感受谈了很多很好的意见和建议。在广东石化公司，调研组一行了解了广东石化项目的相关背景，2000万吨原油炼制能力、装置配套和码头建设情况。

在福建调研期间，调研组一行先后走访了中化泉州石化公司、福建南王包装有限公司、福建文松彩印有限公司、泉州国力兴盛润滑技术有限公司、福建省昆仑石化产品有限公司、福州华鑫印刷有限公司、福建天辰耀隆新材料有限公司、漳州一帆重工、腾龙芳烃（漳州）有限公司等10家企业，与企业领导、人力资源部负责人、校友代表就校企合作、印刷行业发展、企业用人需求等工作进行了深入探讨。调研组一行来到了中化泉州石化公司，了解了泉州石化的发展历程和二期、三期项目进展情况和企业为一线员工设计的三条成长通道以及学院校友的优异表现。在泉州石化工作的学院校友截至目前共计138人，有10余人都已经是工程专家、技术骨干或者部门主管。公司评价说学院学生吃苦肯干，真正发挥了“三老四严”的优良作风。校友代表也纷纷发言，针对工作实际，提出了有关课程设置、实践动手能力培养等方面很多好的意见和建议。双方针对企业二期用人需求、后期如何加强校企合作等方面最终达成了共识。

福建台风过后下起了大雨，调研组一行冒雨到达了漳州一帆重工。一帆重工主要业务是造船，招聘的多是学院机械工程、电子电器专业毕业生。调研组一行先参观了一帆重型造船车间，看望正在车间工作的校友们，参观学院杰出校友朱喜宁的先进事迹展板。在一帆工作的2008届30余名毕业生中，1名毕业生王渊已经成长为企业中层干部，其余的也都是带领20余人的班组长。

在海南调研期间，调研组一行来到海南炼化，海南炼化人力资源部部长赵国忠带领调研组参观了海南炼化DCS主控室和业绩展厅，向调研组介绍了海南炼化的基本情况，原油炼制和加工能力，并充分肯定了学院毕业生在企业的优异表现。他表示，虽然2013年中国石化总公司在用人机制和要求上提高了学历门槛，但是他认为2014年一线操作员工需求量仍然很大，这种政策应该是暂时性的，对学院毕业生十分看好。蒲卫晖对企业用人政策变化表示理解，认为只要校企双方共同努力，一定会有好的结果。

调研组走访了中海油东方石化公司。学院在中海油东方石化工作的毕业生近80人，全部正在参与东方石化新项目建设。在企业安排下，调研组参加了与企业领导、校友代表的座谈会，蒲卫晖首先介绍了学院发展情况和此行目的。东方石化人力资源部主管王峰首先感谢学院领导亲自来看望毕业生，他了解到兰州石化学院杰出校友很多，自2009年筹建东方石化以来，每年都到学院招聘储备员工，使用后发现人才确实优秀。东方石化团委书记张治说，虽然与学生接触时间不长，但是感觉到学院培养人才适销对路，定位准确，待得住、留得下、干得好、有发展，学生动手能力比同期进入企业的其他院校学生进步快。运行 6 部 4 班的学院 2013 届优秀校友白亚琦发言时说道，看到学院领导非常激动，感恩母校栽培，有这样的机会接触全新理念和发展平台。他从入职培训、军训、企业人文关怀等方面谈了自己的亲身感受。最后，校友们都表示一定谨记学院校训，发扬学风，以实实在在的工作业绩为母校争光。

通过此次走访调研，调研组看到了珠三角石化企业的二期发展潜力和人才需求；看到了漳州古雷石化产业区、洋浦经济开发区以及海南西海岸的精细化工产业园区的发展规划；看到了人文、外语及印刷出版行业的就业前景。此行进一步加强了学院与用人单位的联系，增进了友谊，加强了用人单位与学院之间的交流合作，拓展了就业市场，对进一步做好学院教学、就业等相关工作将起到积极的促进作用。全程共完成校企战略性发展合作协议 14 家，这在一定程度上为学院长期拥有珠江三角洲石化发展信息、技术进步及人才需求奠定了良好的基础。

根据学院统一部署，要进一步拓展长江三角洲就业市场，增强校企合作与交流，拓宽就业渠道。学院派出副院长宋贤钧带领的调研组赴江浙沪地区走访企业，回访校友，广泛调研长江三角洲地区石油化工、机械、电子、信息技术、经管、印刷出版等专业的行业发展状况，倾听校友反馈，了解企业用人新机制、新要求和人才持续需求计划，深入了解江浙沪地区人才市场的新变化，探索学院毕业生就业渠道，为学院办学和就业工作深入开展探求新的途径。

宋贤钧是分管教学的，就他个人而言，征集企业和校友对学生知识结构的要求也是此行的目的之一。

调研组一行先后走访了南京炼油厂有限责任公司、中国石化集团南京工程有限公司、中石油惠生清洁能源公司、南京金陵检测工程有限公司、南京格睿信息技术有限公司、南京新世纪联盟印务有限公司、纬创资通（泰州）有限公司、中海油气（泰州）石化有限公司、中国石化镇海炼油化工股份有限公司、宁波爱思开合成橡胶有限公司、韩华化学（宁波）有限公司、金光集团 APP（中国）宁波亚洲纸管纸箱有限公司、成达药业股份有限公司、浙江信汇合成新材料有限公司、嘉兴石化有限公司、远程物流股份有限公司、上海康灿物资有限公司、甲骨文（中国）软件系统有限公司上海分公司、上海羿歌信息技术有限公司、上海睿亚训软件技术服务有限公司、高等教育出版社上海出版事业部、华东师范大学出版社、上海方正数字出版技术有限公司等 23 家企业，共涉及石化系、应化系、机械系、电子系、信控系、人文系、土木系、印刷系等 8 个系的相关专业毕业生。

所到之处，调研小组受到了企业的热情接待和校友的热烈欢迎。很多用人单位对学院能主动上门看望学生并与其联系很感兴趣，认为对企业的考察和对毕业生的回访工作，是学院负责任的表现，而且是双赢、互惠互利的举措，他们表示愿意与学院签订合作协议，希望以后相互之间加强联系，互递信息。调研组与企业领导、人力资源部负责人、校友代表就校企合作、企业人才需求、毕业生就业、人才培养质量、学生顶岗实习、企业员工培训及技术服务等工作进行了广泛深入的探讨和交流，与 15 家企业签署了校企战略合作协议书，收集学院毕业生满意度调查问卷近百份和企业满意度调查问卷 12 份。

走访期间，宋贤钧和调研组成员注重向企业和校友介绍了学院近年来取得的成就，并感谢企业对学院的大力支持，同时邀请企业来学院选拔毕业生。各企业领导表示，学院毕业生具有吃苦耐劳、勤学肯干、忠诚企业等优良品质，愿意继续多接收学院毕业生。同时提出，学院对学生应该继续进行严格而系统的管理，培养学生专注、忠诚的品格和再学习的能力；学院应该根据市场需求、社会需要拓展招生专业，增设相应的课程，强化部分专业（基础）课程的学时数，提高办学的层次等。同时，在上海理工大学出版印刷与艺术设计学院、上海出版印刷高等专科学校和张江国家数字出版基地等对数字印刷、实训中心建设等情况进行了调研。

良好的口碑是学院发展的根本。在宁波爱思开合成橡胶有限公司回访调研期间，副院长宋贤钧问到该企业领导为何选用学院的毕业生时，企业人力资源部部长表示，是因为韩华化学（宁波）有限公司选用了学院的毕业生并对学院毕业生的表现给予了充分的肯定。宋贤钧就势与企业负责人进行了广泛的交流。

如果没有扎实的理论知识和过硬的实践技能，在企业是无法立足的。调研组到南京炼油厂进行调研时，该企业人力资源部部长乔昕讲："经过比较，目前我们单位选人，只从兰州石化职业技术学院选，从咱们学校出来的学生技术过硬，能吃苦，企业归属感强，我们很放心！"宋贤钧和调研组的同志听了这话，感觉到学院人才培养方案的设计是完全正确的，对学生和企业是负责的，也深深地体会到质量就是核心竞争力的重要性。

在走访高等教育出版社上海出版事业部时，孔社长为调研组详细介绍了出版社在教材方面的排版、印刷的整个流程，并介绍了数字艺术和数字出版的情况，对学院印刷出版工程系的相关专业建设有重要的借鉴作用。在张江国家数字出版基地和上海方正数字出版技术有限公司参观时，调研组深深感受到了数字印刷与出版行业巨大的市场前景。

此次回访中，调研组在校友较集中的企业中组织了近10场新老校友座谈会，与校友畅谈。学院优秀毕业生在南京炼油厂有限责任公司、中国石化集团南京工程有限公司、南京金陵检测工程有限公司、南京格睿信息技术有限公司、中国石化镇海炼油化工股份有限公司、韩华化学（宁波）有限公司、上海羿歌信息技术有限公司等企业中开拓创新，不断进取，已成为企业的中流砥柱。校友们在座谈中回忆了在校期间的苦辣酸甜，不忘恩师的教诲，铭记母校的培养，珍惜学校的荣誉，希望母校经常来企业看望校友，加强与企业联系。

宋贤钧带领调研小组进行了江浙沪地区的就业市场需求考察和部分毕业生跟踪回访工作，收集了多方面的意见和建议，加强了学院与用人单位的联系，对进一步做好学院教学和就业工作将起到积极的推动作用。

这次调研，对宋贤钧副院长震动很大，他下决心实施“有效课堂”战略，下决心抓教师实践教学环节，下决心把提高教学质量作为重中之重。

几乎是辐射全国各地的规模宏大的调研活动结束了。

学院及时召开总结大会，召集全体教职员工分享成果，了解形势，准确定位，凝聚共识，调动全院教职工人人参与学生就业的积极性。

从此以后的每一年，院长张方明都要外出走访企业。为了促使学生更好地就业，寒来暑往，春夏秋冬，学院主要领导总是率先垂范，亲自联系企业。15 年来，他们没有休过一个完整的寒假或暑假，差不多跑遍了全国所有的大、中型企业。就这样，在学院领导的带动下，学院用行动履行着“学生第一”“一切为了学生”的庄严承诺。

只有就业好了，招生才能更好。这是学院闯出来的一条弥足珍贵的经验，也是新时期高等职业教育的新探索。

学院常年坚持实施“四个一方案”，即每天联系一家用人单位，每周校园信息网发布一期就业信息，每月给用人单位邮寄一份院报，每学期给用人单位邮寄一份毕业生资源统计表，加强与企业的联系。仅 2012 全年举办双选会就达 200 余场，先后接待用人单位 220 余家，新增中石化胜利油田、道达尔石化（宁波）有限公司、武汉凯迪工程技术研究总院等就业单位 56 家，新吸纳毕业生 1000 余名。截至目前，2013 届毕业生就业率已达 91.35%，中石油、中石化、中海油、中国神华等大型企业的录用比例占总就业毕业生的 74%，较上年提高了 10 个百分点，毕业生专业对口率和就业质量显著提高。学院在全国范围内建立了百余个稳固的就业基地，毕业生“下得去、留得住、用得广、上得去”，广受用人单位信任，许多国内外知名企业连年来学校选聘毕业生。毕业生近五年的就业率保持在 93%以上，位居甘肃省高职院校前列，为石化行业和区域经济的发展输送了数万名高技能人才。

长期以来的坚持，取得了持之以恒的回报。在社会生源不断减少、高校连续扩招等严峻形势下，学院仍然以连年高分录取、高报到率招生赢得了社会各界的广泛认可和赞许。

直道真如砥

学院新的领导班子用喷薄的活力和凌厉的锐气，怀着对高等职业教育的一腔热情，在锲而不舍的追求中，硬是在西部欠发达地区做出了卓越的成绩，他们带领着师生员工经过长达 15 来的努力，终于实现了由中专办学向大学办学观念的转变，树起了一面“全国高职教育的旗帜”——国家教育部有关领导来学院视察后这么说。

回望新世纪以来的这 15 年，学院之所以快速发展，与学院主要领导的不懈努力、高远追求和引领创新有关。高职教育表象的轰轰烈烈下，到底走一条什么样的路，兰州石化职业技术学院有坚守，有传承，有探索。

用“目标”来调动员工的行动。2001 年 4 月，姗姗来迟的春天给兰州的大地换上了嫩绿的新装，在这个萌动着生机的春天，中共甘肃省委决定：赵菊芳同志任兰州石化职业技术学院党委书记，张方明同志任学院院长，周兴中同志任党委副书记。当新的领导班子沐浴着春风走马上任时，张方明代表班子成员面对全院教职工，说出的第一句话就是，“学院是我们安身立命的共同家园，我们没有任何理由不珍惜我们的家园，懈怠对于自己家园的建设”。这落地迸作金石音的铿锵话语，像刀刻凿镂一般，铭镌在全体师生的心头，也赢得了大家赞许的目光！教职工们说，“我们的新领导多实在啊！”

于是，以赵菊芳书记、张方明院长为核心的学院领导集体迅速进入到新的角色中，他们浑身上下仿佛有一股使不完的劲。深入基层，广泛调研，白天找人谈话，晚上深入职工家中，倾听干部职工对学院改革发展的意见和建议，教职工们被他们的这种真诚所感动，纷纷主动上门找他们提建议、献良策……很快，新班子就全面、准确地了解掌握了学院的状况及每一位职工的情况，甚至对于校园里的一草一木，他们都熟稔于心。

于是，经过了无数个栉风沐雨的考察，又历经了多少个月夕花晨的深思，一个宏伟的治校方略很快就形成了。在教职工代表大会上，张方明代表学院班子纵横捭阖、侃侃而谈，他郑重地宣布“施政纲领”，强调了学院党委的正确领导，强调了在大政方针确定后校长负责制的重要性，一席话统一了员工的思想认识和行动目标，同时他也在加重自己对学院、对全体师生所承担的使命和责任，而这种使命感和责任感，同样也唤起了全体干部和教职工们建设美好家园的巨大热情。

新班子成员们深知，打造一只坚强的团队，是实现振兴学院远大目标的基础。

于是，赵菊芳、张方明等领导便以院为家，全身心地投入到学院的建设和发展中。

在他们的心目中，几乎没有节假日、寒暑假的概念，他们总是废寝忘食地投入到工作中。每年春节除夕，他们都要亲自慰问坚守岗位的职工，坚持和留校学生共度除夕。每当留校的学生与自己的院长一起吃着年夜饭时，心里总感到无比激动，学生们流着眼泪给家长打电话：“我和书记、院长正在一起吃年夜饭呐。”学院建设新图书馆期间，为确保工程进展和工程质量，张方明等学院主要领导坚持每天两次巡查工地，风雨无阻。对学院的一些重大活动，他们总是亲自策划、部署，并且始终与工作人员一道，坚持在一线，通宵达旦。身体病了，他就叫医务人员在办公室挂上瓶子，一边输液，一边工作，有位老教授找院长办事，见此情景，恳切而心痛地劝他：“你要珍惜身体啊，院长！”张方明就是这样，像一部高速运转的机器，为了学院的建设和发展，忘我地工作着。运动场上，有张方明与师生同场竞技的身影，文艺会演的舞台上，张方明的歌声成为最受师生欢迎的保留节目。他心系群众，并经常要求中层干部说，“群众的事无小事”。当他巡回检查教学时，见到教师课间没有条件喝水，他马上电话协调有关部门立即解决。他听说学生洗澡有困难时，带领相关同志与相邻的兰炼等企业商量，解决了洗澡的问题。遇到突发性的停电、停水，他总是在第一时间赶到现场，了解情况、组织抢修。2003 年寒冬时节的一个夜晚，学院供暖突然终止，张方明闻讯后，心急如焚，急忙从距学院十几公里的住处赶往学院，凌晨的寒风劈面打来，他禁不住打了个寒战，头上却冒着大颗小颗的汗珠。赶到学院后，他紧急联系有关企业，立即向甘肃省政府紧急报告，终于在短时间内协调解决了供暖问题。有位打扫校园的杨姓临时工，很少受到人们注意，可张方明无论什么时候见了都要说一声：“小杨，你好！”并向他嘘寒问暖，让杨同志感受到无比温暖。就这样，新一届学院领导以自己的真诚和独特的人格魅力，很快赢得了广大干部和师生的信赖。在他们朴实无华的言行感召下，全体师生员工建设美好家园的强大动力被凝聚了起来，一个人心思进、昂扬向上的精神局面就这么形成了。

赵菊芳、张方明明白，真诚待人并不意味着什么事情、什么人都一味地迁就。用张方明自己的话说，“有时狠狠地批评你也是待人的一种方式”。主要领导在抓工作质量、治理个别不良顽症时，更是表现出了这种更高层次的真诚。有位处长临退休时，动情地说：“有时候，挨学院领导批评仿佛是一种享受，因为他教你学会凡事要用心去做才行，这对自己来说是好事。”近年来，学院进行持续不断的改革，如干部人事分配制度改革、教育教学改革等等。这些改革必然会影响到一部分人的既得利益，也必然会引起一部分人的反对，但只要是符合学院的整体利益和绝大多数人利益的事，学院领导都坚持原则，毫不动摇，绝不退缩。在大力推进改革、促进学院事业快速发展的过程中，领导班子不忘加强廉政建设。

2006 年后，学院非常重视制度建设，凡事欲先立。张方明从完善制度、建立规则、规范行为抓起，他亲自主持制定了 ISO9001:2000 国际质量管理体系认证、院长办公会议议事规则、财务审批制度、基建物资采购招标制度、人才引进审批程序等一系列重要的规章制度。他大力推进院务公开，凡是学院的重大决策均实行公开透明，均自觉地接受广大师生员工的监督。大力倡导艰苦奋斗，勤俭办事业，一旦发现干部职工中有铺张浪费的人，他毫不留情，严厉批评。张方明自己出差，从不带秘书，找旅社也总是找便宜的住，尽量节约费用。他要求学院的接待部门，接待用烟、酒等直接到批发市场采购；在重大基建、物资采购招标中，往往中标单位产生后，还要亲自与中标商谈判，要求中标商捐助助学基金。他就是这样的人，为了学院的发展，精打细算，以自己的模范行动诠释了一位院长、一名共产党员一心为事业的优秀品质。也验证了“一个有成就的人，他的人品比他的能力更能震撼人心”的名言。

用“理念”来构筑发展的基座。张方明不仅是个善于把理论与实践密切结合的人，还是一个富有激情的人！他那特有的思维如此活跃、如此宽泛、如此具有感召力，这些都源于他勤于学习、善于思考、勇于创新的精神。精神体现着思想和意志，精神体现着生机与活力。以他为代表的学院班子成员长期以来把学习当成主要任务。

担任一把手以来，尽管工作十分繁忙，但张方明和班子成员每天总要挤出一定的时间学习。“人只要控制好自己的生活，就能找到时间”，门罗的这句话对张方明影响极大。他学习的内容十分广泛，并且注重联系实际，学以致用，为创新工作思路、全面提高管理工作积累了深厚的知识积淀和能力储备。他思维敏捷，视野开阔，对自己从事的事业充满信心和激情。不但自己学习，还带动了全院师生的学习。学院主要领导把学院放在国家经济建设和行业发展的大背景下，认真思考“培养什么人、怎样培养人”和“建设什么样的高职，如何建设好高职”这两个根本性问题，牢牢把握

“职业教育就是就业教育”这一导向，学院领导班子，经过广泛深入的调查研究和缜密的分析思考，总结凝练出了“锲镂金石，修身诚化”的校训和“根植石化行业，传承铁人精神，人才培养延伸，培训服务前移”的办学特色，学院提出“遵循规律，适应市场，追求特色，产教结合，突出技能”的全新办学理念和“立足甘肃，面向全国，为石油天然气化工、煤化工行业和甘肃经济社会发展服务”的办学宗旨，以及“以人为本，学生第一，以学生诚信敬业精神和职业能力的培养为立足点”的治校原则，得到了全院师生的一致赞扬，并以此为引领，使学院在正确的道路上能够实现持续高水平发展。学院主要领导经常说，学院要走出事业单位“等、靠、要”的怪圈，成为市场经济的主体，要像企业一样“经营学校”，把学院生存和发展融于市场经济之中。他们这一独到的认识和体会，被《甘肃日报》在头版头条加注短评后予以宣传和推广。

这一系列办学思想的调整和确立，进一步明确了学院的发展方向和奋斗目标，为学院的可持续发展做出了正确的战略抉择，保证了学院各项事业的健康发展。我们常说，观念的创新是根本的创新，学院新班子成员立足学院客观实际，紧随时代潮流，着眼长远发展，不断创新求变的精神品质，为学院的发展注入了不竭的动力，正如朱熹诗云：“问渠哪得清如许，为有源头活水来。”那些层出不穷的新思想，令许多教职员工感慨地说：“新一时耳目，开多年茅塞。”

用审时度势来创造无止境的辉煌。学院领导班子是一个不服输的班子，不服输的人身上总有比一般人更加优秀的地方，当然也有一般人不可理解之处。张方明大气，他痛快豪爽，他使劲用狠，他让人尊敬，让人敬畏，但他也关心别人，有时候心也很软。

进入新世纪以来，正值国家实施西部大开发战略和甘肃省实施“工业强省”战略之际，也正值国家大力发展高等职业教育的大好时期。面对这样的历史机遇，张方明和学院领导时常告诫他的同事们，我们的任务除了发展还是发展，在发展的征途上没有驿站，我们必须坚定不移地走下去。15年来，学院始终坚持“发展是第一要务”的宗旨，大力推进教育教学改革，使学院的面貌发生了翻天覆地的历史性变化。尤其在全国示范性高职高专院校建设过程中，他们付出了常人难以想象的努力。

好的规章制度是一种良性秩序，使人们能够最方便、最高效地工作，学院主要领导因此更注重用制度化建设来最大限度地挖掘全院教职工的潜力。张方明主持、制定和完善了学院的各项管理制度，在省内高校率先实行了最具力度的机构和人事分配制度改革，机关缩编近四分之一，全体教职工实行竞聘上岗、聘约管理、目标考核，拉开了收入差距；他在全省高校率先实施ISO9000质量管理体系认证工程，有效地规范了学院的管理，提升了学院的管理水平。

面对办学经费严重不足，张方明和学院主要领导不辞辛劳跑政府部门、跑企业，四处争取经费和项目，有效地缓解了经费不足的困境；为了开源节流，他首创周六工作制，相应延长寒暑假以降低能耗，取得了明显成效；他重组了校办企业，推进校办产业改革，支持优势企业做大做强，如今校办企业年上缴学院利润超过100万元；他提出并坚持每年召开一次教学工作会和学生工作会，进一步突出了“教学为中心”“学生第一”的地位，为持续推进教学改革，加强学生教育、管理和服务提供了可靠的制度保障；在他的主张和推动下，学院在省内同类院校中率先实施了学分制和主辅修制，赋予学生更大的学习自主权，为学生的个性发展和实施素质教育创造了有利条件；他按照共享、开放、实用的原则，重新整合实验实训资源，大力投资，建成了在国内具有一流水平的石油化工、数控技术、电子电气技术等六大综合实训平台；在他的积极努力下，学院设立了甘肃第66国家职业技能鉴定所，与甘肃省劳动和社会保障厅合作的甘肃技师学院也在紧张筹建中；他经过深思，明确提出“高职教育就是就业教育”，为让学生“能就业，就好业”，他大力推进多证制，使毕业生取证率超过95%；他亲自主持开展实训基地（实验室）标准化建设活动，实施实训项目卡制度，使实训基地建设和管理跃上新水平。

在专业建设上，学院领导高度重视就业市场信息和院外一线专家的意见，审时度势，大刀阔斧地压缩或取消长线和非优势专业的招生，针对国家和区域产业结构调整及产业升级的趋势，加快专业结构的调整，学院连续新上了数控技术、印刷技术、煤制气、盐化工、动漫设计等数十个极具就业前景的专业，新专业开办后深受市场青睐。在学院新班子的引领下，师生员工学习风气浓厚，在现有的550名专任教师中，有教授43名，副教授206名，博士、硕士300名，“双师型”教师315名，兼职教师309名，师资水平跃上新台阶；在课程方面，张方明同志明确提出“理论教学课件化，实践教学现场化”的建设目标，制定刚性的课时标准、比例，并从教学管理体制和运行机制入手，促进理论教学和实践教学的“一体化”进程，确保了理论课与实践课课时比例达到或超过5:5，走在了全国的前列；他倡导并组织开展了多媒体课件制作和多媒体教学比武活动，大力推广现代教育技术的运用；他抓住有利时机，及时启动了迎接省上和教育部对学院的示范性院校办学水平评估的工作，有力地促进了学院各方面的工作。

有道是，善弈者谋势。当学院院长张方明得知国际知名企业海尔集团在西北要建设培训基地的消息后，他昼夜加班，火速组织相关系领导、专家，论证、撰写报告，并亲自带队参加竞标，最终获得了海尔集团西北培训基地的设置权。有了这次成功的尝试，他便一鼓作气、四面出击，在不到半年的时间内，与兰州石化等几十家特大型、大型企业成功签订校企合作协议书，使这些企业成为学院稳定的校外实训基地，使学院跻身于企业终身教育行列，使学院成为企业稳定的员工培训基地，开创了校企双方在“双赢”格局中共同发展的新气象。这是一种多么惊人的速度啊！

是的，这速度就是效率。速度，落后地区超越自我，紧随潮流的重要砝码。石化学院人从来没有像今天这样，对速度有如此深切的感受。

毋庸置疑，进入新世纪的这15年间，是学院事业发展最好、最快的时期，没有之一。这15年中，学院资产净值超过7亿元，各类实训实验仪器设备总值1.7亿元。建筑面积30万平方米，建有57个校内实训基地、150个实验实训室，在中石油兰州石化公司等知名企业建有154个稳定的校外实训实习基地。新建了图书馆、综合教学楼、综合实训楼、第三工业中心、第四工业中心、两栋职工住宅、东区门前广场等，新增绿地面积2万余平方米；新增藏书70余万册，办学条件显著改善；办学规模由近3000人增加到13000余人，正、副教授从60名增加到240名，“双师型”教师增加到313人，专业由17个增加到82个，专业结构更趋合理；引进了一批高素质的应届大学毕业生和具有丰富实践经验的企业技术管理骨干，评选聘任了“双师型”教师，聘任了兼职教师，师资水平明显提高，师资结构日趋合理；围绕“特色、质量、效益”的指导思想，狠抓教学质量，突出办学的石化行业背景和工字特色，强化职业技能培养，积极推进产学研结合，大力开展“订单式”培养，使学生的就业率连续8年超过92%，多年来，考生报考率超过300%，录取平均分超过省内最低录取线100多分。为社会培养了3.4万名技术技能型劳动者，培训各类人员2.1万人，毕业生中涌现出两名年轻的十八大代表曹晓桃、张恒珍。截至目前，2014届毕业生就业签约率已达到94%，2015届4391名毕业生就业签约率已经超过35%。学生在全国、省、市的各类技能竞赛中获奖不断，成绩在省内同类高校中名列前茅。

面对丰厚的成绩，张方明和他的班子成员没有丝毫的骄傲和懈怠。他常常提醒大家：“招生、就业是学院的生命线！”他不仅这么说，也是这么做的。他和周兴中不遗余力全身心地抓这项工作，每年都亲自设计招生宣传方案，亲自下到市、县学校进行宣传，亲自定指标并辗转数省奔赴数十家企业联系就业，凡有企业人来他都要亲自见面、座谈，学院现在同1000余家企业保持着良好的合作关系。每当毕业生被众多上市公司、国家特大型企业青睐有加、竞相争抢时，这位憨实的西北汉子总是掩饰不住内心的喜悦，发出爽朗的笑声。当人们回过头来刮目相看时，不由得异口同声地称赞道：这些成绩的取得，靠的是学院提出的先进理念，靠的是这一理念指导下取得的办学实力和过硬的办学质量！

在以张方明为班长的学院班子集体领导下，学院先后获得“全国职业教育先进单位”“甘肃省教育系统先进单位”“甘肃省职业技术教育先进

| 兰州石化学院获得一系列荣誉证书

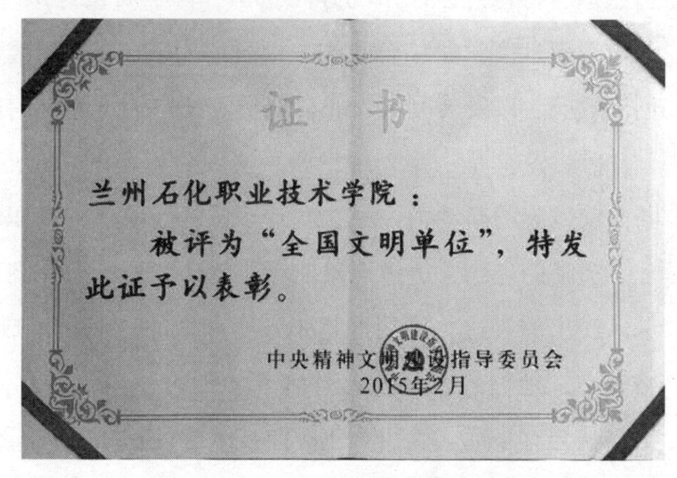

证书

兰州石化职业技术学院：

被评为“全国文明单位”，特发此证予以表彰。

中央精神文明建设指导委员会
2015年2月

| 2015 年兰州石化职业技术学院被评为“全国文明单位”

集体”“甘肃省毕业生就业工作先进集体”“甘肃省思想政治工作先进集体”“全国毕业生就业工作‘星级示范学校’”和“2009年中国十大最具特色高职院校”“2010中国十大最具就业力高职院校”“中国石油和化学工业文化建设先进单位”“全国高职高专院校科研工作先进单位”“首届甘肃十大杰出职业院校”“全国黄炎培职业教育优秀学校”“全国文明单位”等荣誉称号。他个人获得了“中国职业教育杰出校长”“全国黄炎培职业教育先进个人”“全国科研杰出校长”和“全省职业教育先进个人”的荣誉称号。

成绩是实实在在的，成绩是令人钦慕的。而张方明却保持着一贯以来的谦逊，他认为，这都是大家共同努力的结果，是实干的结果；而老百姓则认为，大家齐心实干固然重要，但一个好的领路人则更重要。是张方明用业绩表达了石化学院人的生活与思考、奋斗和梦想，他提升了学院人的精神品级。

面对这些骄人成绩，张方明和学院主要领导始终保持着异常的清醒，他们不断地告诫全体教职员工，在纷繁复杂的市场变化面前，在百舸争流的激烈竞争中，我们不能有丝毫的沾沾自喜，必须牢固树立定位意识、忧患意识、特色意识、市场导向意识、科学质量意识、体制创新意识、人才强校意识、产学研结合意识，以理念引领未来，以思路带来出路，以机制创出效能，以发展凝聚人心，把学院的事业不断推向前进！

瞧，这又是一系列理论联系实践后得出的新观点，这又是带领学院不断向前发展的新动力……这就是一位驾轻就熟的高职教育高手！

清晰的理念，透过现象抓本质的功底，既抓住细节又穿透细节的能力，深入浅出的表达，这些都是张方明和他的这届班子成员所拥有的独特的人格魅力，他们的这些魅力激活了学校的一江春水。人常说，思路有多远，出路就会有多远。兰州石化职业技术学院这15年的飞速发展，也印证了这一真理。

轻舟扬帆，遨游于千顷烟波之上。在我国高等职业教育的大潮中，学院主要领导用新颖的理论、开拓进取的劲头和燃烧的激情，驾驶着兰州石化职业技术学院这艘航轮，正奋进在争创国内一流的全国示范性职业技术学院的航程中。

部长喜开颜

2006年6月3日，雨过初霁，满眼滴翠，惠风和畅，鲜花怒放。当天下午3时15分，教育部部长周济院士乘坐的车辆徐徐驶进了兰州石化学院校门，正在这里迎候周部长一行的赵菊芳书记和张方明院长及学院其他领导快步走上前去。车门打开了，周济部长走下车来，满面笑容地和学院领导一一握手。

周济部长一行首先来到继续教育学院门前。张方明院长指着12个企业在学院建立人才培训基地的牌子，向周部长汇报校企合作情况。周部长听完后说："你们这样做，好！学校与企业的关系密切了，学生就业就有了去处，但一定要注重实践环节的培养，做好就业工作。""你们学生有没有去新疆就业的?"周部长关切地询问，张方明院长说："有，人数还不少。我们的学生在全国招生，在全国就业。"周部长听了点了点头说："好，你们的招生情况怎么样?""2005年，我院最低录取分数线高出省内同类院校130分，而且全为第一志愿。"周部长听了张方明院长的回答后，十分高兴，连声说："好，好。"

他一边走一边亲切地和院领导谈话。忽然，一阵阵悠扬的乐曲声从校园里传来，这时，周济部长立即中断了之前安排好的视察线路，循声觅去，但见学院大学生军乐团正在练习，周济部长听了一会儿，高兴地说："演奏得不错，学校不仅要培养学生掌握一定的技能，更重要的是要培养学生德、智、体、美、劳全面发展。”

进入石油化工中试实训基地，周部长饶有兴趣地听着周新光老师的介绍，并不时地插话询问能不能生产、学生怎么实训等问题，当听到张方明院长说“这里就是您再三强调的‘真刀真枪’”后，他满意地笑了。周部长说：“你们这个系就业肯定好！”石油化工系系主任冯文成接过话头说：“是！可以达到98%。”要离开时，周部长上前看了看周新光老师的胸牌，非常高兴！他叮嘱陪同的学院领导说：“高职院校就要大力培养一批‘双师型’的师资队伍。”

听说院领导想和部长合影，周济部长欣然应诺。他拉着赵菊芳书记和张方明院长的手说：“你们就站在我的左右吧。”在场的人都笑了。陪同部长视察的省委副书记陈学亨、副省长李膺、省长助理郝远、省委副秘书长邵明和省教育厅厅长、省高校工委书记白继忠等领导也参加了合影。

之后，周济部长健步登上台阶，走进图书馆大厅展示学校全貌的沙盘前，他非常仔细地听取了张方明院长的简要汇报后，极有兴趣地观看了学院校史展览，询问了学院历史沿革。当他看到自己与张方明院长的合影照片后，周济部长非常高兴，吃惊地问：“这是在哪里合影的?”张方明院长说：“在永州会议时我们的合照。”周济部长说：“对，对！”同时大声地笑了起来。他来到校企共建变配电实训基地和电子电器工程实训室，与老师学生握手交谈。他一连问了三个学生的就业情况，当他听到同学们都与兰州石化签订了就业合同时，周部长说：“好。”周济部长来到信息中心时，宽敞明亮的机房里，学生们座无虚席，他信步来到一位女同学的电脑旁，看见了学校的网页，网页上正显示着周济部长刚刚视察学院的新闻，周部长十分惊讶，他说：“你们反应真快啊！”陪同视察的省委省政府领导看到自己的照片后，也都非常高兴！他们说：“这个学院真有自己的一套办法。”

伴随着愉快的笑声，周部长又一次改变了路线，他提出看看就业中心。

在学院就业中心，张方明院长向周济部长一行汇报说："我们把就业工作作为一把手工程去抓，去年，我和书记亲自带队跑企业，各单位都有具体的就业指标。"周部长听了学院 92%的高就业率后十分兴奋，他与就业办的同志一一握手，还详细地查看了学生的就业去向，并索要了所有学生的就业单位汇总表。周济部长说："学生是否受社会欢迎，是检验一个学校好坏的标准。"在汽车技术实训基地，周部长来到同学中间，问："会不会开车?"学生说："正在学。"周部长会心地点了点头。在听了系里领导的介绍后，周部长对学校的做法给予了肯定，他说："只有这样培养，学生学的东西才能用得上。"在数控技术综合实训基地，周济部长看到同学们正在实训，他遂走上前对一位同学说："你会操作吗?"同学答："会。"他很满意，并说："我们是同行，我也是搞机械的。"这时，周部长对系主任王春林叮嘱道："你们一定要组织生产。"王春林赶紧回答："部长，我们正好在给兰州石化仪表厂加工配件。"周济部长满面微笑地来到加工现场，随手拿起一个零件，仔细地看了起来。周济部长的心情很好，很愉快，他越看越兴奋，竟忘记了时间，不知不觉中，预定视察的时间早已超过了。随行人员催促他，暗示他去机场的时间到了，但是他仍然要继续视察下去。周济部长在去印刷实训基地的途中，还透过车窗握着王春林的手不停地叮嘱："一定要与生产相结合。"

时间不知不觉地延长了 30 多分钟。周济部长随和地说："没关系，来得及，再看看。"就这样他来到了印刷实训基地，周部长看着正在运转的四色机，一边同工人握手，一边说道："印刷专业的实训设备很先进，培养的学生肯定有人要。"然后又问："基地给学校交不交钱?"院长张方明回答说："交近 100 万呢!"周部长说："这就好!"

时间总是那么无情。到了不得不告别的时候，周济部长对省委、省政府领导和学院领导说，你们这个学校定位是准确的，办学方向是对的，改革是有成效的。周部长还说，你们实训抓得好，实践环节搞得很有特色，就要像兰州石化职业技术学院这样与企业建立密切联系，突出技能培训。周部长非常兴奋地告诉学院领导，不同类型的教育都有自己的一流，你们要在高职这个层面上争创全国一流，只要你们坚持自己的做法，形成自己更加鲜明的特点，这样的学院进入全国示范性院校的行列志在必得。

云彩在颔首，花儿在聆听。

周济部长要上车了，仍意犹未尽。他向陪同送行的省委、省政府领导，向学院领导、师生们不停地挥手告别。

一个多小时的视察就这么快乐地结束了。但教育部部长留在兰州石化学院校园里的关怀、叮嘱和笑声，必将长久地定格在全院师生员工的心头，也必将激励着兰州石化学院向全国一流的征程迈进！

天风鼓征程

2005年，国家对老工业基地全面改造升级工程启动，兰州石化要建设中国西部最大的石化产业基地。

闻讯后，张方明立即召集学院领导班子成员商议，紧接着，他利用自己的豪气和底气，多次与兰州石化接洽，与兰州石化合作。不仅如此，在西固385平方公里的土地上，驻有中央、省属大型企业33家，还云集着中小企业1000多家。这里已经形成以石油化工、能源和装备制造、新材料等为支柱的工业体系，工业经济总量占全区经济总量的3/4，占兰州市工业经济总量的2/5，占甘肃省工业经济总量的1/10。

在坊间早就有“企业一咳嗽，西固就感冒”的说法。而兰州石化学院又是这一区域唯一一所高等院校，且属工科性质。这就是机会啊，机会！

机会稍纵即逝，黄金机遇更需要黄金作为。

经过无数个回合的真诚对接，学院终于和兰州石化公司等西固众多企业达成一揽子校企合作协议，更难能可贵的是，兰州石化公司还每年接受300余名学院毕业生。

多么激动人心的收获啊！

能够达成这样的校企合作协议，的确来之不易啊！谁不高兴？

张方明是一个很要强的人，要强的人，性子都急。此刻，他比谁都更加高兴，比谁都更加着急。

突然间，他想到了老人们常说的一句话："种田看田头，着衣看袖头，烧饭看灶头。"那些企业和我们合作看什么呢？反过来讲，我们要靠什么才能赢得企业？

当然靠我们的知识实力，当然靠我们的文化积淀。

但张方明和学院领导们还想着要靠管理来提升水平，还想靠科研来奠定质量。

揽下了瓷器活，就得有金刚钻。

学院领导班子对自己要求很高，凡是决定了要做的事情，必须高起点站位，高标准推进。于是，他们外出调研，广泛涉猎国内外先进管理经验，提出并在甘肃各高校首创 ISO9001 质量管理体系。

学院特别委派副院长黄义仿具体负责制定 ISO9001 质量管理体系。

受命以来，黄义仿认真研读有关文本，详细盘查学院基本情况。据悉，截至 2005 年底，建立了 ISO9001 质量管理体系并通过认证的全国高等学校仅有十多所，而且好多学校只是在后勤等教学辅助性部门实施质量管理体系认证。现在这项非常有难度的工作摆在了黄义仿和他的团队面前。说难，难就难在 ISO9001 质量管理体系是一个全新的管理体系，既陌生又稀奇，学院职工对此更是了解不足，认识还相当模糊。在这样一个基础上实施 ISO9001 质量管理体系何其不易啊！但勇于探索、敢立潮头的学院领导班子瞅准了这是一个管理学院的好方式，再难，也要做！建立这样一种新的先进的管理模式，有利于提升教育教学管理水平，提高服务质量，使学院在建设和发展中能够寻求更大的优势，能够进一步增强顾客满意度，这是学院持续发展之需，这是破解老学校管理瓶颈之需。

有了这样清晰的认识，张方明和黄义仿便多次分别召集不同级别干部开会研讨，凝聚共识，拟定体系实施路线图。

黄义仿和他的团队们外出奔赴其他高校考察调研，取经学习，他们给学院领导班子提供了具体方案。

2005年5月13日，学院党委正式发出了《关于建立、实施ISO9000质量管理体系工作的通知》的文件，在学院全面启动了ISO9000族标准的贯彻工作。

2005年12月，深圳环通认证中心对学院进行了严格的认证审核后，宣布学院顺利通过了ISO9001质量管理体系认证审核。同时对审核中发现的不合格项提出了整改要求，并限期进行了整改，为学院顺利通过ISO9001质量管理体系认证铺平了道路。

2006年2月，国家认证认可委员会为学院颁发了质量管理体系认证证书，标志着学院正式通过了ISO9001质量管理体系认证。

2007年6月5日，学院隆重召开了ISO9001质量管理体系2007年内部审核首次会议。这次会议规格很高，学院全体领导、各部门负责人、内审员参加了会议，会议由黄义仿副院长主持，张方明院长做了重要讲话。根据《学院2007年质量管理体系实施计划》及《ISO9001质量管理体系示范性项目建设方案》要求，为了进一步验证质量管理体系运行是否符合标准及质量管理体系文件的要求，验证质量管理体系实施的有效性，强化过程管理，保证学院各项管理工作严格按照相应的控制程序进行，保证各类记录的客观、有效，为持续改进质量管理体系提供依据，同时迎接认证公司对学院的监督审核，学院决定在全院组织进行2007年质量管理体系运行内部审核。本次内审分组进行，由学院内审员组成4个审核小组，对各单位、各部门实施内部审核。审核范围为学院质量管理体系覆盖的所有活动、产品和服务、部门、人员及场所，审核时间长达7天。审核方式采用查阅资料、现场查看与口头询问等方式进行。

2007年11月22日，学院召开2007年度ISO9001质量管理体系运行监督审核末次会议，至此，2007年度质量管理体系运行监督审核顺利结束。这也是深圳环通认证中心对学院自通过质量管理体系认证后进行的第二次监督审核。会议由监督审核组长——深圳环通认证中心有限公司北京分中心国家注册高级审核员周荣老师主持，学院领导、科以上干部、内审员、资料员参加了会议。在末次会议上，没有想到一向以严格近乎苛刻著称的周荣老师却给予了学院这样的评价，她面露喜悦地说，兰州石化学院在实施 ISO9001:2000 质量管理体系过程中有了这么多新的亮点，学院的事业在跨越式发展，学院各项工作进入了良性循环式的状态，整体管理得到了长足的进步。具体表现在：（1）学院被教育部、财政部确定为 28 所首批国家重点建设的示范性高等职业院校之一；（2）教学条件有了很大改善，建成了学院第一、二工业中心；（3）学院新一轮人事分配制度改革工作、节约型校园建设工作、示范性项目建设工作、学院工作流程规范工作等 4 项主要工作抓得准，推动了学院教学质量、管理水平的进一步提高；（4）全体教职员工对学院实施的 ISO9001 质量管理体系在认识上得到很大的提高，监督检查、过程识别、食堂改造、餐饮工作、学生管理等做得很好。说到这里，周荣老师略加停顿，她押了口水后继续缓缓地说，在肯定成绩的同时还应指出某些不足，比如学院各部门对 ISO9001 质量管理体系贯彻执行的认识及发展力度不平衡；对查出的问题在闭环管理上普遍不到位，没有形成闭环管理，对问题的整改没有进行跟踪、验证；个别细节和重要环节控制不太到位，如毕业证、户口、就业证等的发放各系不一致，第二工业中心一楼机床的摆放方向不合适等；在工作过程的识别上，对系统的风险的识别不到位，对特殊过程、关键过程没有做出识别和标识；内审员水平有待提高，内审员培训待加强。她刚一讲完，台下便响起了热烈的掌声，这掌声是对一个职业人独具慧眼看待问题和果敢正派的求实作风所发出的。

是啊，这是多么中肯的评价，多么犀利的言辞！学院领导正是有了这样不遮丑、敢于亮丑的胸怀，才使得周荣老师能够站在第三方敢于畅所欲言！这种精神，尤其在今天，太难能可贵了！

2008 年，正是有了上一年扎实工作的基础，深圳环通认证公司对

ISO9001质量管理体系在学院的贯彻执行进行复评时，学院得以顺利通过，并获得了质量管理体系复评认证证书。

2009年5月21日，学院召开ISO9001质量管理体系2009年内部审核首次会议。这次内审的目的是，验证质量管理体系运行是否符合标准及质量管理体系文件的要求，验证质量管理体系实施的有效性，强化过程管理，保证学院各项管理工作严格按照相应的控制程序进行，保证各类记录的客观、有效，为持续改进质量管理体系提供依据。本次内审分组进行，由学院内审员组成五个审核小组对学院各单位、各部门实施内部审核。审核范围为学院质量管理体系覆盖的所有活动、产品和服务、部门、人员及场所。审核时间为2009年5月—10月，分两个阶段进行。为了增加审核的深度和有效性，提高审核质量，这次内部审核将采用滚动审核的方式进行，不再集中时间进行，即按计划每月审核几个部门，至监督审核前，完成对全院所有部门的审核。审核采用查阅资料、现场查看与口头询问的方式进行。

2010年4月7日，深圳环通认证中心专家到校对学院ISO9001:2000质量管理体系的运行进行复评认证后的首次监督审核。学院召开质量管理体系监督审核首次会议，学院院长张方明，党委副书记周兴中，副院长孙松滨、黄义仿、程小红、宋贤钧各单位主要负责人、内审员、资料员参加了此次会议。会议由管理者代表黄义仿副院长主持。会上，本次审核组组长、深证环通认证公司周荣老师就此次审核的范围、目的、依据以及相关事项做了说明。学院最高管理者张方明院长在会上强调，目前学院质量管理体系在各单位的努力下，运行状况良好，但仍需进一步完善。要把监督审核作为一项提高管理水平的手段、目标，与此同时要把监督审核与学院2010年度重点工作结合起来，与作风建设结合起来，与精细化管理结合起来。管理者代表黄义仿副院长希望各单位通过监督审核把质量管理作为作风改进的观察项，以制度为保证，改进工作。会后，审核组与学院最高管理层进行了沟通。4月7日至4月9日，深圳环通认证中心审核组专家分别对教务处、学生处、督导处、后勤处、信息处理与控制工程系、汽车系、保卫处和图书馆等部门进行了抽样审核。

2010 年 4 月 9 日，学院召开质量管理体系监督审核末次会议，这标志着学院此次监督审核工作圆满完成。本次审核组专家指出，学院质量管理体系运行至今取得了新的提升，质量意识、品牌意识不断增强；领导班子具有战略眼光；全员参与，ISO9000 理念得以深入贯彻；实物质量良好；自我改进机制运行有效。审核组专家就审核中发现的问题向与会人员逐一进行了说明，要求今后在体系建设运行中，强化风险意识，加大发现问题的力度，善于改进和纠正不足，建议学院把精细化管理与质量管理体系中的 PDCA 循环管理相融合，管理水平达到螺旋式上升。本次审核组组长、深证环通认证公司周荣老师宣读了此次审核结论，学院顺利通过监督审核。末次会议上，学院最高管理者张方明院长强调，一要重视制度建设，增强对制度的执行力；二要不断学习，打破学院发展的瓶颈，打好学院后示范性建设时期攻坚战；三要抓好落实，不断提高管理水平。

2010 年 4 月 28 日上午，学院质量管理体系转版工作会召开。会议由黄义仿副院长主持，张方明院长、学院各部门和教学系负责人等参加了本次会议。会议的起因是国际标准化组织于 2008 年 11 月 15 日正式发布了 2008 版 ISO9001《质量管理体系要求》的国际新标准，我国国家标准 GB/T19001:2008 也已发布并于 2009 年 3 月 1 日实施。同时，中国认证认可监督管理委员会（CNCA）规定自 2010 年 11 月 15 日起，任何 2000 版标准认证证书均属无效。为了按时完成 2000 版质量管理体系的转版工作，使学院质量管理体系符合新标准的要求，学院召开了质量管理体系转版工作会议，安排部署了学院体系文件的转版工作。学院成立了工作领导小组及编写委员会，对改版的主要内容、工作要求和完成阶段进行了分工。张方明院长强调，此次质量管理体系转版工作也是学院推进精细化管理的一个契机，不仅仅是文字上的改动，重要的是要吃透 2008 版质量管理体系的内容，结合工作的实际，规范流程，修订制度，着力提高执行力，推进体制机制改革。黄义仿副院长也提出了四点要求：即质量管理体系转版工作重点要理清思路，各部门要明确自己的职能，文件中涉及其他部门的要进行协商，必要时提交相关会议审议；对本部门人员加强质量管理体系相关知识的培训；编制部门工作要有计划与目标；加强对 PDCA 循环的管理，进一步强化对不符合的检查、追踪整改。

2010 年 10 月，深圳环通认证中心有限公司为学院颁发了质量管理体系认证证书，标志着学院顺利完成了 2008 版质量管理体系的换版工作，正式取得了 2008 版 ISO9001 质量管理体系认证证书。通过本次认证，结合学院精细化管理工作，进一步修订、完善了学院《质量管理手册》，对控制方法的应用、学院体系文件基本术语和定义、服务实现过程的控制以及语言转换进行了修订和补充；修订了学院《程序文件》，对原学院质量管理体系文件进行了重新设计，初步制订了 60 个工作控制程序，内容涵盖了学院教学、科研、学生教育管理、后勤保障、行政管理、党建与管理等 6 个方面，充分运用过程方法与管理的系统方法，对原体系文件进行了系统的补充与完善，通过加强教学基本建设控制、学生教育管理服务控制、后勤保障服务控制、党政管理与服务，进一步促进教学运行服务质量和学生教育培养服务质量的提高，促进学院内涵建设与发展；修订了学院《工作流程》，并修订、完善了学院各类工作制度 270 个，加强了流程、制度的充分性、适宜性与有效性；制订了学院各项工作标准，进一步细化量化了工作，提供了质量管理工作标准。

2011 年 11 月 8 日至 11 月 12 日，深圳环通认证中心对学院ISO9001:2008 质量管理体系的运行进行了再认证审核。深圳环通认证公司审核组专家分别对教务处（评估办）、督导处、学生处、团委、后勤处、保卫处、科技处、校产总公司、图书馆、院办、人事处、宣传部、统战部、计划财务处、国资（基建）处、工会、组织部、纪监审办公室等 18 个机关后勤单位和电子电气工程系、应用化学工程系、机械工程系、继续教育学院等 4 个教学单位进行了现场抽样审核。审核组专家指出，学院质量管理体系运行至今已经取得了新的提升，质量意识、品牌意识不断增强；领导班子具有战略眼光；全员参与使得 ISO9000 理念得以深入贯彻；实物质量良好；自我改进机制运行有效。审核组专家就审核中发现的问题向与会人员逐一进行了说明，要求今后在体系建设运行中，强化风险意识，加大发现问题的力度，善于改进和纠正不足，建议学院把精细化管理与质量管理体系中的 PDCA 闭循环管理相融合，使管理水平达到螺旋式上升。学院最高管理者张方明院长在讲话中强调，全院各单位要针对此次审核发现的问题进行认真分析总结，一是要高度重视，持续改进，进一步提高预案的策划和可执行力；二是各单位要认真学习体系文件和相关制度，切实提高制度运行的有效性；三是要抓好整改落实，打破学院发展的瓶颈，不断提高科学管理水平。

2014 年，学院在再认证前期组织完成了质量管理体系的换版工作，增强了学院质量管理体系文件的充分性、适宜性和有效性。修订、完善了学院《质量管理手册》；修订了学院《程序文件》；修订了学院《工作流程》；修订、完善了学院各类工作制度；制订了学院各岗位工作标准。

2015 年 1 月 7 日，北京创源信诚管理体系认证有限公司为学院颁发了质量管理体系认证证书，标志着学院第三次顺利通过 ISO9001 质量管理体系复评认证。

ISO9001 质量管理体系引入以来，学院的各方面管理发生了质的提升。

以系统管理方法规定了实现教学质量的路径，使之在传统管理的基础上，采用了更加科学的管理系统方法，建立了文件化的四级教学服务质量管理体系，以体系的形式进行系统管理，明确了教学质量实现的路径，为教育教学质量的实现提供了理论保障。在实践中采用了“过程方法”，充分应用 PDCA 循环管理方法，系统识别并确定了与保障教学质量有关的直接和间接的活动及过程，加强了组织领导，强化了过程管理及考核，加强了教学运行情况的监督检查，强化了问题的纠正与预防，强化了教学全过程控制，有效提升了教学管理效果及教学服务质量。

学院建立了《不合格服务控制程序》《纠正与预防措施控制程序》等服务提供过程的若干控制程序，明确提出了主动采取纠正与预防措施以及对不合格服务改进的工作要求，建立了自我改进的机制，通过总值班人员巡查、教学检查、专项检查、各系组织检查、质量管理体系内外审，对教学工作中发现的问题及时进行纠正，对潜在的问题制定预防措施进行预防，并对问题及不符合项进行追踪改进，建立了持续改进机制。

在实践中，依据国际和等同采用的国内标准，实现了ISO9000族标准在学院的本土化，转换了通用的标准语言，将通用的语言转换成符合学校实际的通俗易懂的语言，将标准的要求与学校实际相结合，用高职院校的实际做法诠释标准、应用标准，克服了对国际、国内标准理解上的障碍，大大方便了标准在高职院校的贯彻执行，为其他院校学习借鉴提供了经验。

学院实施ISO9000质量管理体系最重要的是转变了传统的教育观念，形成了先进的管理与服务理念。传统的教育观念强调学校的人才培养过程按计划执行，不能主动适应社会需求，受教育者没有实质性的选择权利；强调“管”和“罚”，认为自己是学生的管理者；在质量意识上，“不是站在顾客和用户的角度去衡量，而是站在学校的角度去评价”，缺乏服务意识。ISO9000标准规定“服务”是组织生产的一种产品，“顾客”是“接受产品的组织或个人”。因此，在ISO9000标准视野下，学校是生产“服务”的组织，学校的产品是“教育服务”，不是“学生”，学生、家长和用人单位则是学校的顾客，只有他们关注学校，学校才会生存与发展。学院在实施ISO9001质量管理体系过程中，明确了学院的主要顾客是“学生、家长和用人单位”以及学院的产品是“教育服务”，以目标管理与过程控制相结合，采用过程方法，强化服务过程的控制，并通过持续改进，最大程度地满足顾客的要求。学院始终坚持“以顾客为关注焦点”的质量管理原则，坚持“教育就是服务”的教育服务观、“服务提供就是产品”的教育产品观和“教育质量就是服务质量”的教育质量观，各项管理深刻体现“学生第一，以教学为中心”的理念，使广大教职员工在教育观念上得到了转变，自觉服务的意识得到加强，树立起以服务为宗旨的教育教学观念。

自 2005 年首次建立 ISO9001 质量管理体系以来，体系在学院已运行、实践了九年。但随着形势的变化，随着学院的发展，不断出现的新问题致使体系运行过程中，出现了许多不适宜的地方。至 2015 年，学院领导及时将质量管理体系文件进行了三次比较大的换版，以使学院质量管理体系文件更趋清晰、准确、完善，质量管理体系的适宜性、充分性进一步增强，学院质量管理体系运行持续适宜、有效，对稳定地提供满足学生、家长、用人单位等顾客、相关方和法律法规要求的教育教学服务、提高教育教学服务质量、增进顾客与相关方满意度发挥了重要作用。

学院充分运用过程方法和管理的系统方法，理顺了管理职责，打破了传统的条块管理，对教学服务实现过程进行系统管理，克服了“头疼医头、脚疼医脚”的管理方式，避免了一些过程环节中存在的无人管理的“缺环”，不仅创新了管理方法，而且转变了管理观念，使质量体系运行的所有过程协调一致，增强了对教学关键过程的控制，提高了质量体系运行的稳定性和有效性，避免了传统管理带来的低效率和大量的浪费，以及造成的不良影响，提高了教学管理与服务质量，最大限度地实现预定目标，增强顾客和相关方对学院的信任。

学院实施 ISO9001 质量管理体系，提升了教学质量，也极大地促进了学院招生工作和就业工作。2013 年学院招生录取 4626 名，报到人数3975 名；2014 年招生录取 5172 名，报到 4703 名，招生规模创历史新高。毕业生一次性就业率连续 8 年超过 93%，在甘肃省高职院校中连续多年位居第一，且就业对口率高，用人单位对毕业生质量评价高，学生认可度高。

2014年暑假，学院派出毕业生质量跟踪调查小组对2014届毕业生所在近50家用人单位进行了实地跟踪调查，调查组共发出问卷300份，回收有效问卷281份，回收率为93.7%。从调查结果看，用人单位对毕业生的总体评价较好。用人单位普遍反映，学院毕业生到就业单位后，好学肯干，容易上手，专业综合能力较强，专业基础扎实，实际动手能力较强，甚至比一些本科学生的动手能力还强。

9年来，如此执着，如此锲而不舍，终于使得ISO9001质量管理体系在学院由陌生变为一种常态，由被动接受变为主动适应，学院正在享受着由此带来的诸多品牌效益。

实施ISO9001质量管理体系在兰州石化学院无疑是成功的，也是大为受益的。

有了运转畅达而实用的制度保障，强化内功就成为驱动发展的关键。所以，夯实“中国制造”的人才基石就摆在了兰州石化学院人的面前。

2014年，我国职教改革的齿轮加速转动：《关于加快发展现代职业教育的决定》进一步明确了职教地位，改革开放以来的第三次全国职教工作会议重启顶层设计，部分地方本科酝酿转型有望终结职教“断头路”。一项项切合实际的举措，让职教成为中国教育最热的“年度关键词”。

“职业教育是国民教育体系和人力资源开发的重要组成部分，是广大青年打开通往成功成才大门的重要途径……必须高度重视、加快发展。”

——习近平

改变，发生在中午也不曾休息的实训忙碌中；希望，书写在越来越多的石化学生扬起的笑脸上。

正在做化学实验的石化系炼油技术125班班长周凌宇同学自豪地说：“我虽然已经签订了就业协议，是宁波石化公司，可我觉得仍然要加强实训动手努力的锤炼，我特喜欢我们学校成立的兴趣社团，全校实训车间都能面向我们开放，我们大家恨不得 24 小时‘长’在这里。”

已经是晚上 10 点了，还在进行沙盘实训的人文社会科学系学生许红霞说：“我非常喜欢学院里的实训课，我们边学习理论边亲手实践，既巩固了知识，又提升了技能。”

不管是中午，或是夜晚；不管是在焊花四溅的焊接实训车间，或是马达鸣奏的汽车实训车间，石化学院的老师和学生一样，一律身着蓝色工服，一律繁忙而有序地操作着。他们在实践中求得技能，他们在实训中寻求创新。

第十五届李政道奖学金获奖名单终于揭晓了，在甘肃省 33 所高校中仅有 7 所高校的 7 名学子获此殊荣。其中，专科生获奖者只有一名，那就是兰州石化学院石油化学工程系石化 135 班学生王玥。

王玥，2013 年 9 月考入学院石油化学工程系，成为石油化工生产技术专业的一名学生。在校期间，她通过理论与实践课程的学习，对专业基本技能的掌握有了很大提高。同时，她还经常利用课余时间在学校图书馆阅读化工基本技能、计算机操作、数学建模、神经网络、专业英语等方面的书籍，这不仅使她了解到数学建模的发展现状，还对数学建模的发展前沿和存在的不足有了新的认识，在提升自我专业知识与素养的同时，更增强了她对创新意识的自我培养。挟裹在流动的人群中，走与不走不是个人所能决定的。于是，很多人，何去何从，自己未知。而对王玥而言，学海路上的每一刻总有明确方向，对于前进的选择，没有太多的时间踟蹰。她只是凭借对学习的那份热爱不断追求真知。“当你融入其中的时候，再乏味的东西也会充满乐趣，这时时间也就不知不觉飞驶而过。无论是学习理论知识，还是实践操作，都是这样的。”王玥同学一脸淡定娓娓道来。“兴趣是最好的老师”，这句话无疑是对王玥求知之路最好的注释。经过一年半的学习，她体会到专业知识的学习方式远不同于基础课程的学习。在学习中，她同样遇到过各种各样大大小小的困难，但她并未被它们所击垮。久而久之，她从中找到了学习专业知识的有效方法，学习效率大大提高。同时，她深知实践的重要性，所以，每当系里组织各种与专业技能相关的竞赛时，她都会积极参加。在高教社杯全国大学生数学建模竞赛中，她不断地搜集资料，学习研究，提出问题，并通过所学的专业知识和数学理论的有机结合，最终达到了解决问题的目的。王玥同学刻苦努力，积极投身科研实践，2013 年参加了高教社杯全国大学生数学建模竞赛，获得了甘肃赛区专科组特等奖，全国专科组二等奖。以第一作者身份在《兰州文理学院学报》上发表了《基于空间直线拟合的古塔变形趋势研》，在国家权威期刊《煤》上发表了《基于遗传算法自变量降维的神经网络煤矿瓦斯涌出量预测模型》。

“让每个人都有人生出彩的机会”，越来越多的“王玥”们，正在成为兰州石化学院践行现代职教一张张最好的“名片”。

2015 年 4 月 16 日，甘肃人民广播电台的一档新闻节目轰动了石化学院，同学们迅速聚在一起热议。原来是经甘肃省科技厅推荐，甘肃人民广播电台《960 新闻故事》栏目组特邀学院石化系炼油技术 2013 级学生马冲、杜凯忠，人文社会科学系学生许红霞、陶雯丽为主组成创业团队录制节目。这 4 位创业团队负责人给听众们讲述了一个“利用废泡沫塑料制备涂料和胶黏剂”的创业故事。该项目由石油化学工程系张远欣老师指导，在 2014 年甘肃省第五届大学生创新创业大赛中荣获二等奖。访谈中，主持人先向听众们介绍了 4 名优秀大学生近年来获得的荣誉，之后，针对该创业项目进行了详细采访，马冲等 4 名同学就创业项目的选择初衷、创业途中遇到的困难以及如何克服困难等进行了一一讲述。他们开发的此项目成本低、增值空间大，能有效缓解白色污染，为解决废物利用提供了一个全新的途径，具有极大的社会意义和经济价值。在 4 名同学与主持人进行深入交流的环节，同学们畅谈了学校着力实训培训和各自的人生梦想。他们的创新创业能力以及为社会奉献的担当精神赢得了电台工作人员的赞誉，他们向社会展示了学院的鲜明特色和师生的良好精神风貌。

节目播出后，听众为学生点赞：“谁说职教没文化，他们是传承民族记忆的生力军!”

共青团组织的每年一届学生科技节活动，是学生们最舒心最欢快的日子，他们把自己最富想象的创意放飞在科技的天空。

自律诚信树形象，质量特色铸品牌。为了编写精品教材，为了因材施教，我们无法统计，有多少老师在多少个夜晚，灯火通明，甚至通宵达旦，每一本教材开十余次统稿会，十易其稿。有的教授为了把书稿修改得更好，不惜将自己数月乃至于数年的心血推倒重来。为了使学生学有所用，学院派出一批批老师走进工厂、深入农村，他们到火热的实践中汲取营养，他们到现代化的企业丰富自己。

实践教学是高等职业教育提高教学质量的一个重要特点。学院不断加大实践教学投入力度，目前已经拥有实验、实训基地 150 个，还同众多实力雄厚的大型国企联建校外实训基地 154 个。依据市场需求设置专业，其中工科专业作为学校的强势专业，设置较为齐全，在省内同类院校中具有明显优势；文科专业作为学校的特色专业，以学校工科背景和跨专业辅助培养。学生参加的化学竞赛、数学建模、电子大赛在全国赛事中屡获金奖。

学院继承和发扬延安精神、铁人精神，总结、提炼了学院精神，形成了学院持续发展的软实力。可以说，进入 21 世纪以来，是学院不断挖掘和探索自身特色，积蕴和凝练办学理念和学院精神的过程，更是在这些先进的办学理念指引下，不断积聚力量、积累内涵，走出一条符合自己发展定位的特色办学之路。

这又是一个新鲜而伟大的开始，这又是各种向往和憧憬的期待。

“以前总是强调培养‘技能型人才’，这次职教会议在‘技能’前加了个‘技术’。就是为了适应技术进步、生产方式变革以及社会公共服务需要。”教育部副部长鲁昕话说得干脆，“中国要走向产业链的中高端，离不开技术技能人才的培养。”

教育部职成司司长葛道凯这样描绘了他心中的职教愿景：“全社会都来关心、支持和参与职业教育，彻底打破公众对职教‘培养廉价劳动力’的误读，不断夯实‘中国制造’的人才基石。”

“育人，是职教本位。”兰州石化职业技术学院院长张方明说得更加简洁，“职教办得究竟好不好，一看学生就知道。”

2001年至今，学院校企合作和科研事业实现了从无到有、从有到优的历史性突破。学院采用“人才培养延伸，培训服务前移”的思路推进校企合作，将企业的员工在职培训前移到学校进行，将学校的人才培养工作延伸到企业一线，让学生到企业生产现场顶岗实习，工学交替；本着互利双赢的原则，积极开展校际交流与合作，带动人才流、技术流、资金流，促进校企深度融合，与160多家规模以上企业签订校企合作协议，立项科研经费累计6500余万元。近5年来，学院教师发表论文合计2031篇，核心以上刊物和三大检索论文345篇，争取到科研经费713.9万元。这些项目包括了国家教育部教育体制改革项目、国家自然基金及甘肃省高校科研经费等。博士张满效教授喜获全国高等学校科研优秀成果自然科学二等奖，这个奖项是仅次于国家三大奖的教育部科技奖项，是全国1200多所高职院唯一获奖者，实现了零的突破。同时，张满效又获得了甘肃省自然科学奖，何华教授获得了甘肃省委省人民政府颁发的第七届敦煌文艺奖，这两项也是填补学院空白的重要奖项。众多老师获得甘肃省高校科技进步奖、甘肃省高等学校社科成果奖等奖项，还有27项教育教学成果先后获得甘肃省教学成果一、二等奖及省教育厅级奖。学院相继建立了11个科研团队，国家层面立项22项，省部级立项112项。科技成果达到国际先进水平的2项，专利授权9项。学院被教育部评为“全国高职教育科研先进单位”、“甘肃省高校科研管理先进集体”、甘肃省“产教结合，校企合作”先进集体等荣誉称号。学报自2000年获得公开出版发行刊号后，影响因子不断提升。院长张方明教授被国家教育部评为“全国科研杰出校长”。这些成绩即使放在全国同类院校中相比较也遥遥领先。

领导踏征程，教师紧相随，学生出成果。看，一个从制度层面启动到科技氛围氤氲的现代职业教育航船正在兰州石化学院启航。

沉潜砺壮志

天马踢踏，笼盖四野。聆听悠悠岁月唐蕃古道的驼铃，凝望煌煌史册栋梁渊薮的璀璨，在新时期“一带一路”新政的引领下，兰州石化学院人走在先贤梦想的道路上，并在实现梦想的路上感受着时代的尊严。

近年以来，石化学院全新的办学理念全面发酵，催生了一系列难得的成果。但前行的路上如何补给新的供养才能保持足够的动力？这是学院领导思考的重大命题之一。学院领导班子成员怀着对学院事业的热情和珍重，不断地寻找，不断地发现，不断地为新的创造补充营养和能量。回望一步一步走出来的成功，学院领导班子沉静下来梳理，适时提出集中优势、打造品牌、凸现特色、构建专业体系。在这一新的理念统领下，学院开始“做优、做强、做特”石油化工等12个省级以上特色重点专业，再依托特色专业衍生拓展煤化工等6个“油味十足”的新专业，开设速录、物流管理等8个现代服务业和信息化专业，重构各专业课程体系，完美地实现了“三个对接”。这“三个对接”就是，专业与产业对接、课程内容与职业标准对接、教学过程与生产过程对接。如此大刀阔斧的改革，形成了石油化工等传统优势专业为龙头，融印刷技术、现代物流等一大批极具市场发展前景的新兴专业为补充的专业体系，这个体系结构合理、优势互补、应变灵活。通过特色品牌专业的引领和辐射，打通了相关专业群建设与发展的“任督二脉”，促进了人才培养质量的稳步提升，同时也使得学院品牌效应日益显现。

问渠哪得清如许，为有源头活水来。

人才培养质量的稳步提升，学院品牌效应的日益显现，带来的是学院各项事业的全面发展。学院已经能够招生的专业和专业方向达到82个，已建成国家重点专业4个，省级重点专业8个，完成了200多门工学结合课程改革，光是化工大类专业就有19个之多。经中国化工教育协会认定，目前学院已成为全国化工类专业数第一（19个）、在校生人数第一（7000多人）、高职录取线第一、就业率第一的品牌高职院校。有好的老师，才有好的大学。按照专业建设的需要，学院先后从企业聘任了298名兼职教师，

| 兰州石化学院东区图书馆

使兼职教师比例达到40%，所有副高职称以上专业基础课和专业课教师都具有技师资格；新建了16个设施一流的教研活动中心，组织教师开展集体教研活动，全面提升教学团队的整体水平。学院提出了“经营学院”的理念，把学校当作市场经济的主体来经营，树立竞争、风险、成本意识，重

视市场开拓，做好生源市场和就业市场，保持入口和出口的畅通。学院按照效率优先相继撤销了一些校内服务部门，交由社会专业机构承担服务职能；精打细算，严格预算管理和成本核算，合理配置资源，建成了具有国内领先水平的六大综合实训平台和四个工业中心，较好地满足了办学需要；大力推行节约型校园建设，所有办公、教学场所实行计量限额使用，从2003年开始，学院开始实行了周六工作制，适当延长寒暑假，关闭能源设施，节约开支。

沉潜激活一池水，砥砺造就凌云志。“国家京剧院的艺术家们携清新隽永的国粹艺术之花，即将在我们这所有着57年历史的校园怒放，这是我们走近大师、聆听经典、陶冶情操、感悟人生的美妙时刻。在此，让我们用最热烈的掌声向艺术家们表示欢迎！京剧艺术，兼容并蓄，广纳弦音。听京剧，从优美绝伦的唱腔中，能够读到唐诗宋词的意境；从纤指拨弹的月琴中，能够品出剧中人物难以平静的心潮。它令人如沐秦汉明月的淳美银晖，如浴唐宋丽日的浩荡紫气。欣赏京剧，是治疗浮躁与心灵荒芜的良药，因此，国家教育部、文化部、财政部联袂举办‘高雅艺术进校园’活动，这是一件意义十分重大的盛事。国家京剧院，大师辈出，名家荟萃。它汇聚了国家最优秀的京剧表演艺术家，它是中国京剧最高水准的象征。国家京剧院是优秀的文化使者，大师们字正腔圆的曲调唱段，必将会使大家充盈美妙的艺术享受；艺术家们舞台飘逸灵动的水袖，必将能使大家生发抚今怀古之悠思。这种塑造民族之魂的担当和对人民精神家园的呵护以及由此而烁射出理想的光芒，必将会有历久弥新的魅力，也必将会使人文生态更加丰美浑厚!”偌大的礼堂里响彻着浑厚的男中音，这是院长张方明在欢迎高雅艺术进校园时的致辞。像这样具有国家级顶尖水平的文化活动，学院每年都要进行。不仅如此，学院还坚持组织师生共同参与文艺节目，以推动校园文化建设。学校有了文化就相当于有了灵魂。演出大幕拉开，院长带头亮开嗓子：“都说你的花朵真红火，都说你的果实真丰硕，都说你的土地真肥沃，都说你的道路真宽阔。祖国，我的祖国，祝福你，我的祖国。我把壮丽的青春献给你，愿你永远年轻，永远快乐。都说你的信念不会变，都说你的旗帜不褪色，都说你的苦乐不曾忘，都说你的歌声永不落。祖国我的祖国。祝福你我的祖国。我把满腔赤诚献给你，愿你永远坚强，永远蓬勃……”一曲充满主旋律的爱国歌曲唱得人们热血沸腾，把大家的激情完全调动了起来，使得台上台下浑然一体。领导与教工一起，教工和学生同台，这种形式的教育给学生以极大的触动，使他们的心灵变得愈加清澈亮丽。校园文化载体的多样化，不断感染、浸润着师生的外在与内心，给苦闷的人以凿壁透光的慰藉，给轻松的人以仰望星空的旷达。美丽的疼痛，怒放的生命，梦想的翅膀……都会成为万千学子若干年后乡愁的记忆符号。

如果说学校是挺拔的树干，那么学生就是树干上的叶子，就是叶子上的花朵，每朵花瓣，都盛开着老师的汗水。

校园一景

一个单位的精神高度和文化走向，从人们的读书生活上可见一斑。学院领导带头学习，并着力推行学习型校园建设，先有制度促学习，后有自觉要学习。崇尚学习、热爱学习已经在兰州石化学院蔚然成风。有人说，当院长的，当书记的，多忙啊，哪有时间学习？但张方明和周兴中等院领导就有时间学习，他们一直在坚持学习。

校训、校徽和校歌被誉为一个学校的魂。校训，往往浸润在每一个学子的血液里，使其形成不同于他校和他人的精神气质。院领导召集有造诣的学院文化人潜心研究学院文化、高职教育特色和学院学生特点，认为，在培养学生的方法上，精雕细刻；在精神引领上，锲而不舍；在理念上，因材施教。故此，整理提升了“锲镂金石，修身诚化”的八字校训，体现了以学院为代表的职业教育特点。在这之中，杨国寿研究员贡献独特。与校训、校徽一样，校歌犹如学校的精神图腾，校歌被不少教育专家认为是一所学校历史和文化的浓缩，是学校精神风貌、办学理念和人文精神的具体体现，更是校园文化精髓的集中体现。有位教育专家说，“校歌不仅仅是一首歌，校歌还和学校的管理、学校的办学理念密切相关，只有明确学校的办学特色、办学理念，在全球化的趋势下找到自己的位置后才能写出好的校歌，如果只是被动地赶潮流是不会拿出能被大家认同的校歌的”。石化学院的校歌是张方明院长亲自作词、学院教师自己作曲的。校歌产生后如何传播也不能忽视，为了不让校歌成为“摆设”，学院除了通过在新生入学、重大活动中传唱校歌等传统方式外，还通过各种新方式传播校歌，把校歌歌词融入校史知识竞赛，各班级进行校歌比赛。独特的传播方式让校歌成为师生难忘的记忆，毕业生离开学校好久了还忘不了第一次听校歌的“震撼”，同学们说：“在新生会上听我们学校的校歌时，觉得特别吸引人，一个个校友合唱校歌，让人非常难忘。”

2012 年下半年，一项全国调查显示：2011 届高职毕业生专业相关度仅为 60%，比本科毕业生低了 7 个百分点；职业吻合度也明显低于全国毕业生总体水平。另一方面，高职院校毕业生离职率很高，就业半年内离职率比本科生高出 20 个百分点。是什么阻碍了高职院校毕业生的职业前途？一项对全国 2100 多家企业的调查表明，企业在转型升级中对技能人才最看重的6 项能力分别是：积极主动、责任心、团队精神、执行力、沟通能力和专业学习能力。业内人士表示，除了“专业能力”，排在前面的五项都是高职院校学生的“短板”，这表明“最重视实用的高职教育正在和实际脱节”。于是，学院引入企业文化，新建校史馆、化工博览馆，铸立杰出校友“铁人”王进喜塑像，让学生熟知校史，了解学院文化，尊崇学院历史，进而增加对这片热土的爱恋。当“中国梦”唤起祖国大地上每一个中国人的梦想时，校史文化就像一股山泉喷涌而出，高天大地、巨岳深峡，奔流纵泻。许多贤哲用汗水和拼搏来写就的动人心弦的人生故事，像珍珠般喷散在阳光下折射出七彩霓虹。看着展览，看着塑像，梦想与现实交汇的画卷在新常态下显得格外耀眼。在共和国的历史上，那些为我国建立完整工业体系做出了重大贡献的人们值得敬仰和尊重。

早在 2006 年，学院就率先在省内高校中开展大学生诚信管理和教育，取得了很好的效果，受到了用人单位、家长和社会的好评。但到了 2012 年却引发了无名的争议，后新华网和中国青年报派出记者进行了追踪，之后分别以“学生诚信证应得到更多呵护”和“这个学生诚信证可以有”为题做了深度报道，并对诚信管理教育进行了大量的宣传，使诚信证逐渐获得各界认可。社会主义核心价值观教育与校园文化教育有机结合，构建了以理想信念、心理健康、职业发展、安全教育等为核心内容的素质拓展教育体系，多种形式推进校园文化建设，促进学生健康成长成才。就连食堂师傅技能比武的饭菜花样也展示的是文化图腾，程小红副院长主管后勤以来，把诸多文化理念带到管理之中，提升了工人师傅们的整体水平，使服务育人在后勤得以体现。程小红副院长满怀深情地对后勤人员说：“我想，当有一天，你也成为人群中受人瞩目的风景，能于千万人中辨识出你一身的，是你微笑和成熟的面孔；能于千万个灵魂中独立出你一人的，是你根植于内心深处的平和且高贵的性格、修养、思想。”

“故事发生在汶川大地震时。在都江堰虹口区九年制学校，一位公务员父亲把女儿的尸体拴在木板上，背上肩默默往家走。40 分钟的路程，他走了 13 个小时，一路走走停停，哭哭笑笑。人们跟着他，他却说：‘你们别打扰。孩子出生时我就不在她身边，一辈子没有尽到父爱，现在她死了，我想把这一辈子没说的话讲给她听。’人死不可复生，天灾不可抗拒，但生活必须继续。这不正是我们中华民族独特性格的体现吗?”语浅情长，辞切味醇。台上慷慨激昂，台下啜泣一片。这是学院中文教授正在进行的“名师讲堂”的一幕。既然高职院校学生有文化缺失的“短板”，那就补“短板”。对此，学院及时开办“名师讲堂”，邀请省内外和学院在人文学科有重要影响的名人、学者、教授等做报告。张方明、周兴中、黄义仿、蒲卫晖、程小红、宋贤钧等学院领导率先垂范，红红火火的“名师讲堂”，点燃了学生思索的火苗。

人常说，教育需要情怀，但爱国更需要情怀。一种家国情怀的自觉，应该具有真诚的灵魂观照，强化纯粹、真诚、自信、通达和尊严，这是我们教育所期许的新秩序到来的个体条件。但教育价值最终体现的作用在于国民性上，有什么样的价值观就有什么样的人生态度与生活方式，也就有什么样的价值选择与实践追求。因此，中国职业教育要格外重视社会主义核心价值观的支撑与引领作用。在这方面，兰州石化学院主要领导有超前的评判和过人的悟性。学院领导明白这样一个道理：“一种好的教育，可以让人懂得什么是爱，懂得什么是有意义的人生，懂得一个真正有文化、有教养的人会有一种什么样的精神境界。”为此，综观石化学院 60 年的历史，使人感受着奋斗人生的打拼经历，最美人物的道德情怀，英雄楷模的非凡壮举，以及壮美生动的时代画卷，这些都为我国高职教育工作提供着最为丰厚的借鉴资源。石化学院的历史，使我们能够感受祖国职业教育发展的时代脉动和深刻把握国运的变化，使我们感知将智慧化为清冽的深沉，以沉静、不息的素养来体现自身的能力。尤其是进入新世纪以来，学院始终挺立时代潮头，勇做时代变革的先觉者、先行者、先倡者，从而激发全院教职员工的灵感，使他们挥洒自己的聪明才智，为伟大祖国建设培养技术过硬的实用人才，在推动国家发展和时代进步中彰显了职业教育的价值，引领了职业教育的发展，书写了职业教育的辉煌。

但在前进的道路上，一贯勇于探索、创新的兰州石化学院人也清楚地看到我国职业教育还比较薄弱的现状。一方面“用工荒”与“就业难”并存，职业教育体系长期孤立冷落的老问题尚未解决；另一方面，职教理念、办学模式创新不足，各层次职业教育之间、教育与产业之间脱节等新问题又不断出现。职业教育资源的低效利用与空耗亟待改善，等等。这些问题与矛盾相互掣肘，充满艰巨性和复杂性。这些问题给正处在良性发展中的兰州石化学院提出了要进一步去探索、去解决的历史使命，尽管学院发展的势头很好，但学院人仍然正视业已存在的问题。不仅如此，学院领导还清醒地看到群众对职业教育的认识不足，社会舆论导向尚未形成；国家对职业教育经费投入相对不足，经费投入机制不够健全；在职教大环境中，大多职业学校专业结构不合理等现象。对此，作为连续两届甘肃省政协委员的张方明教授和石化系王静教授多次以议案的方式进行呼吁。众所周知，职业教育是要培养高素质的职业人才，其教学过程重在实践锻炼，需要建设一大批全真或者仿真的生产性实验实训基地和实训室，需要进行课程体系和教学内容改革，虽然办学成本比较高，但“中国制造”的精致焊接等技术难关就卡在这个环节。就甘肃而言，还存在着政府对职业教育的经费投入不足、经费投入机制不够健全等一系列问题。长此以往，就使得很多学校要么通过贷款购买实训设备，要么实训设备陈旧，甚至缺少很多必要

| 兰州石化学院东区主教学楼

的实训设备。因此，要加大对职业教育的投入，完善职业教育的投入机制。专业设置是职业院校与社会经济的重要接口。就目前现状来看，甘肃省大部分职业院校的专业设置与区域内企业产业转型升级的需求严重脱节，培养的学生在多层次上不能适应产业转型升级的新要求。另外，有些职业院校的专业设置要么没有特色，要么重复设置，造成省内职业院校的生源竞争。因此，需要地方政府发挥统筹协调功能，在综合考虑地方经济社会发展需求和职业院校办学特色的基础上设置、调整专业。唯有如此，才能契合国家倡导的“大众创业，万众创新”战略，才能跟上时代前进的步伐。

深深的忧思啊！不畏浮云遮望眼，而有忧患摆案头。只有清醒的认识、准确的研判，才能使学院在发展中不迷失自我。在成绩面前不张扬，在困难面前敢担当，能观近变，又可望长远。这就是长子的气概，这就是兰州石化学院人的品质。

千里迢迢，黄河东去。站在美丽河水润泽的兰州 40 里风情线上，眺望气势如虹的黄河，犹如兰州石化学院人追风踏浪、勇往直前的壮美英姿！

第四章

桃李闹春风

拼出一片天

带着发现的激动，走进燕山石化。近距离了解严生后，我顿悟，严生的成功，除了他在业界赫赫有名的成就外，更重要的是他引领和践行了一种精神，他体现和广大了兰州石化学院培养的成果，他传承和濡染了学校的校风。严生说，他从小就非常喜欢文学，他怀揣的是高贵的文学梦想。所以，读严生，就能读到建安诗人逸兴遄飞、光英朗练的气质，能读到盛唐诗人洒脱自然、天地入我胸怀的胸襟。由此，我们越来越坚信：优秀的人正是人生情怀结出的花朵，优秀的人心里必然流淌着不同流俗的襟怀与独一无二的性情。严生正是这样的人。

2014 年 8 月 12 日，兰州往北京的飞机晚了 1 个多小时，北京去燕山的路上又堵了 1 个多小时，原本说好了晚上 6 点一起吃饭的，没有料到一直延误到晚上 9 点。见到忙碌了一整天的严生还在耐心等待时，我非常自责！没有料到，他竟然无一句怨言，一双大手伸过来紧紧相握时，他温暖的脸上荡起了波涛，朗朗的笑声随即飞扬。他就这样，只要母校来人，再忙，他必亲自接待；再累，他必一起餐叙。他说，见到校友，心里格外兴奋，见到校友，就能想起上学那会儿的情形，太温暖、太甜美……

上学那会儿，他是化机 801 班班长。他是从甘肃武威一个普通的工人家考学出来的，所以，他最理解一线工人的苦衷，他把这份情谊用在班级的同学之中，用在后来的团队之中。难怪他班里的同学说，严生班长当得特好，大家很服他。虽然同学们从石油学校毕业后天各一方，但毕业32年来，年年都搞聚会，年年都是严生召集并做东，聚会时来的人很多。在庆祝毕业30周年聚会时，年逾七旬的班主任周育才老师感动得泪洒会场。严生就是这样极具人格魅力的人。

正是独具感染力的人格魅力和踏实肯干的劲头，使他成为国家特大型企业中国石化北京燕山石化公司最年轻的正处级干部，也成为全中国石油、石化系统内进行企业改制且获得成功的人之一！

人们说，严生很传奇。

严生说，那是年轻胆大，那都是苦出来的，其实也没啥。

他虽这么说的，可知情人并不这么认为。

严生的副手张总说，1993年，他就认识严生了。张总亲眼见证着严生从燕山石化最大车间的主任，到炼油厂工会主席，再到今天的北京燕化正邦公司董事长，也亲眼看见严生爬上石化装置塔顶给正在进行检维修的工人送水。张总对他的上司这么评价，他说，严总这一路走来实属不易，尤其是把燕山石化检维修车间能够成功地改制为北京燕化正邦公司，是他对整个中国石化事业做出的最大贡献。

企业改制前只有482人，每年亏损4000多万。企业没有账户、没有资金；职工没有信心、没有激情。现如今已发展到拥有1800余人的庞大队伍，全国检维修行业普遍缺活干、没有钱，而北京燕化正邦公司的市场已经由北京燕山石化扩展到中化太仓、西安、神华煤化工、陕西榆林、新疆、中石化北海炼化、中石油广西分公司、中海油宁波大榭分公司等地，企业年年有盈利，账面岁岁有存余。

严生说，北京燕化正邦公司是一个非常优秀的团队，是因为有这个团队的共同努力才有了今天的成绩。

听，多么谦逊啊！团队优秀，团队的头儿就不优秀吗？

我在思忖着。

严生酷爱学习，也会学习。他涉猎的书籍很广。历史的，人物传记的，时政的，企业文化的，军事国防的，美文的，哲学的，等等。重要的是，他学习后就能产生丰富的联想，就能产生新的知识，再用来指导企业的具体实践。能够做到这样，想必他首先对自己的企业和行业了如指掌，才能在读书中衍生出新的知识来。

“当领导，就要给大家好处，要不然职工跟着你图啥!”瞧，严生这话说得和他本人一样实在!

2005 年 5 月，带着这样的初心，严生砸掉了铁饭碗，冲向市场!

不仅是自己，他还毅然决然率领燕化炼油厂检维修车间 482 名职工一起摔掉“铁饭碗”，不留余地，不留退路，成立北京燕化正邦设备检修有限公司。

一时，严生成为中国石油、中国石化的风云人物。

严生是一个有抱负的人。他怀着对国家改制政策的理解和支持，勇挑重担，担任了燕山石化改制企业——正邦公司董事长、总经理、党委书记。他深知这一职务责任的重大，对下要承载与自己一起摸爬滚打多年检维修弟兄们的重托，对上得担当党组织多年的培养与信任、担当燕山地区的和谐稳定。作为党委书记，他将党的方针政策实实在在地落实到职工身上，加强党组织建设，充分发挥党组织在新型经济组织中的作用，使党建工作有声有色、务求实效，他带领的企业党委荣获北京市新经济组织优秀党委；作为董事长、总经理，他用最先进的企业管理理论经营企业，他倡导企业要靠实力谋生存、靠品牌求发展。“为石化企业平稳运行保驾，为员工舒适体面有尊严的生活护航”，这就是他为自己的企业制定的使命。

改制后，严生昼接阳光、夜披星辉，殚精竭虑、鏖战不息。他沉静下来制定公司发展战略，他第一个比较大的动作就是储备人才。他亲自带队分赴全国相关大专院校招揽应届毕业生，每年引进 100 人，一直坚持了5 年；他走出去，开拓新的市场，原来公司的业务只局限于燕山石化，他认为这不足以养活自己；他给企业准确定位，他和他的团队围绕“企业到底要做什么”“企业应该如何做”等一系列问题展开研讨。从企业自身实际出发，严生提出了“一主二辅”的理念，所谓“一主”，即以保运行为主要方向；“二辅”，就是同时兼制造和安装。做精做强“一主”，抓住机遇不断做大“二辅”。方向明确了，他开始抓人的问题，严生认为，企业要以人力为主，人是最主要的生产力。他亲自主持开展“正邦人”大讨论，从上而下，从下而上，一场轰轰烈烈的正邦人形象讨论如火如荼，几个回合下来，终于形成了关于学习、关于作风、关于生活等方方面面的正邦人标准。接着，开展技术、素质等业务培训，他把职工带出去学习先进经验，把专家请进来讲解最新理论，使企业正气氤氲，效益猛增，尝到甜头后，严生索性把职工培训制度化，年年抓，年年搞。用创新来形成自己独创的并有自主知识产权的核心技术，精明的严生把传统技术和网络技术结合，形成了新的检维修技术，如今，这一技术已经成了严生占领全国市场的一大优势，也因此，燕化正邦设备检修有限公司一跃成为北京市高新技术企业，企业收入的1/3也来源于此。由此，我理解，单位领导人的眼光和境界，的确是引领单位发展的重要航标！

严生有一整套用人机制及奖励机制，只要干得好，不管是工人或干部，都能获得提拔和重用，机会面前人人平等。他努力创造人人都有实现梦想机会的机制，营造人人都有出彩机会的氛围，他绝不允许职工通过请领导吃饭或送礼以获得提拔，而是通过业绩获得重用，这已经成为一种常态，恒久的坚持，使得公司风清气正。三年前，我到严生的公司采访时遇见了一位从浙江大学毕业的大学生，当时他干工人岗位的活，现在已经被擢升为经理。严生每年对先进人物的宣传和奖励力度都很大，除了重奖外，还要带他们去全国各地旅游。现如今，大多改制企业都弱化了党建工作，而严生却亲自兼任公司党委书记，他说，人是有思想的，思想好了，事业当然就好了。他的公司党建工作是北京市的先进。他用“党员就是骨干，骨干就是党员”的理念来统领员工，前几年，有位职工要退休了，没想到他提出的唯一条件竟然是申请加入党组织，原因很简单，退休时是骨干，但不是党员，该职工觉得太遗憾，所以，坚决要求入党。

就这样，严生用了不到10年时间，使企业已有1800余名员工，并拥有自己知识产权的核心技术。时下，全国同类行业普遍严重亏损，而严生的企业却年年赢利、收益颇丰。

正邦公司成立10年来，取得了骄人的成绩。拥有北京市高新技术企业、北京市新经济组织优秀党委、北京市劳动关系和谐企业、北京市安康杯劳动竞赛优胜单位等近十项市级以上荣誉，企业综合实力大幅提升，参与市场竞争能力明显增强，企业总产值、员工收入水平逐年递增，形成了和谐奋进的内部环境等等，正邦公司以披荆斩棘之势，走出了一条国有企业改制后和谐稳定发展之路。这些都离不开正邦公司的领路人——严生。他个人也荣获了中石化集团公司劳动模范、北京市诚信企业家、北京电力行业优秀企业家、房山区优秀党支部书记等荣誉称号。

冲出去，前面是个天。严生作为正邦公司的董事长，他始终把经营好企业作为自己义不容辞的责任。他说:“每天清晨起来，总能感受到一千多名职工都在看着我等待吃饭呢。如果我把企业经营不好，企业给职工发不出工资，他们拿什么吃饭？况且，我们企业的职工大部分都是单收入职工家庭，职工没有工作，没有经济来源，将直接影响到一千多个家庭的生活，责任重大啊。”正是在这种强烈的责任感感召下，严生不给自己留后路，他把全部的精力和心血都投入到如何经营企业上来。10年来，他每天早出晚归，从没休息过一个完整的节假日。见客户，跑市场，亲临生产一线掌握生产经营信息，外出学习先进的企业管理经验，思考企业发展战略，实施企业经营管理，走访慰问职工……他一刻也没有停息。他带领的正邦公司全方位实施着企业经营战略，终于，使公司实现了脱胎换骨的变化。

变角色，顾客是上帝。昔日还是炼油厂的厂级领导，今日突然变为一个服务者，对于严生而言，这是一个全新的角色转变。就在正邦公司刚刚成立不久，燕山石化有一个生产装置的设备员，把他视为施工队伍的“包工头”，即使装置上出现了哪怕是一点小小的问题，对方就态度很生硬地直接给严生打电话，让他立刻赶到现场来。刚开始时，接这样的电话，严生感觉很不舒服，毕竟咱也是个领导嘛，怎么就这样被吆来喝去的？但转念一想，他觉得这一关迟早是要过的，服务者就是要有服务者的样子。于是，严生说服自己并愉快地赶到了现场。后来，他以此为契机开展了如何提高维护及时性、如何提高满意度等大讨论，以转变员工观念，增强员工的服务意识。经过讨论，大家认识到，只有用心做好每件事的服务理念和要通过提供快捷、便利、高效、零风险的服务，才能实现为客户成功服务的目标。也由此，公司还出台了“服务百分百、满意百分百”的服务标准。

以现代企业制度来经营企业。严生不爱说大话、空话，他经常讲大实话。他告诉班子成员也告诉员工，企业改制了，没有上级主管部门，为了不发生决策失误，必须严格按照集体领导、民主决策等程序进行。为了实现民主管理、集体决策，公司严格按《公司法》及企业民主管理规定召开各种会议，每年的股东大会全体职工代表都要参加，每次的董事会，公司党委成员也要参加，不仅是参加，而且还要参与意见，所有重大事项都上报董事会集体研究决策。改制 10 年来，公司共召开 30 余次董事会会议，对公司生产经营、投资、中级以上人员聘任、组织机构设置等进行了研究、审议，保证了决策的科学性。

以过硬的实力来谋求生存。打铁还需自身硬。严生认为，正邦公司要在市场中实现自立生存，必须要靠自身过硬的本领。10 年来，他一直致力于企业整体实力的提升，在人才培养、检维修技术水平的升级、先进装备的引进、施工过程的管理与控制等方面做文章、下功夫。他非常重视员工培训与培养工作，不仅在企业内部组织各种培训班，还选派各类人员参加燕化公司、中国石化以及全国的培训班等，努力提高改制职工的技术水平。

凡组织员工培训，严生都要亲自讲授，他逼迫自己不断自我充实。从2005年起，公司每年都要招收大专以上学历毕业生充实到技术工人队伍中来，长此以往，公司培养了相当规模的既具有较高专业技术水平，又具有一定工作经验的大专以上学历的技术工人，这些人已经成为设备维修的中间力量，他们正在为公司的发展发挥着很大的作用。

以高新技术实现专业化来创出品牌。科技创新是企业生命力的体现。严生十分重视企业的科研工作，他提出，要把现代化的先进技术与传统的检维修技术结合，不断地发展和创新检维修技术。多年以来，石油化工检维修人一直用传统的、“救火式”的检维修方式，对设备进行维护修理，检维修行业的职工们时刻准备着抢修某一台随时出现故障的设备。设备一旦出现问题，检维修员工就要对可能存在高温、高压、有毒、有害等物质的设备进行修理，为了保证石油化工生产装置的连续运行，避免装置因停车而带来的损失，检修职工的作业条件是常人难以想象的艰苦。严生是从一线干出来的，他懂。他目睹和体验过检修工人在艰苦环境下工作的一幕一幕，每当这时，他都会在心里默默地说，我一定要改变这一现状，改善检修工人的作业环境。多年来，由于没有实现自己愿望的条件，致使这件事一直困扰着他。然而，2005年5月燕化公司炼油事业部改制后成立正邦公司，他认为实现改善检维修工人工作环境愿望的时机到了，于是，他把自己的思路和想法与班子成员进行沟通后，他就组织科研人员进行攻关。9年来，已逐步建立了包括设备巡检、计算机数据库信息分析、预知维修以及专家诊断系统等几大模块在内的《设备维修精细化维护系统》，该系统的实施彻底改变了检维修行业“救火式”的设备维修方式，改善了检维修工人作业环境，大大降低了设备故障率，受到了客户的高度认可；石油石化专业检维修协会对该技术鉴定后，认为该技术目前在石油化工检维修行业处于领先地位，有非常大的推广价值，是检维修技术的革命。

包容促进和谐。出生于具有厚重古典文化氛围的古丝绸之路，使严生孕育着深厚的文化底蕴，他从小阅读了大量的书籍，思维更多地体现出感性、细腻、包容和责任，他爱好广泛、思维敏捷，善于观察和思考，对问题有其独到的见解，有非常强的掌控能力，他能够包容各种各样的人，用其长、避其短，对家庭、对企业、对社会时刻铭记自己应承担的责任，在理性思维的指导下，形成了他独特的工作方法和处世原则：处事公正、待人坦诚、精于协调、乐于奉献。他极强的事业心和独特的个人魅力赢得了各方的尊重。他十分珍惜和维护班子团结，总是以班子普通一员的身份，与同事以诚相处。他勇于开展批评与自我批评，与班子成员谈心时，以心交心。在重大问题决策时，善于听取班子成员的意见，深谋善断。作为班子的带头人，他经常诚恳地对大家说："如果我们这些人是为自己的利益干，那么企业肯定搞不好，因为，个人的欲望是无止境的，只有大家树立成就一番事业的思想，才能经营好企业。"在企业中，每个人都有其长处，也有其短处，而他总能很好地扬其长、避其短，使每个人的才能得到充分发挥，使每个人潜力得到充分发掘，使每个人都能够赢得尊严。他的关心、鼓励，使每个职工都会觉得如果自己没有竭尽全力把工作做好，就没法向领导和职工交代，这是其领导魅力的体现。

涓涓细流聚共识。员工们总是能够听到严生这么说："大家的事情办好了，大多数员工的困难解决了，我们的工作也就好做了。"这是一切工作的最高标准。"关心职工、爱护职工，始终要把职工的利益摆在第一位"既是他对班子成员的要求，也是对自己的要求。他一直把一线的员工视为企业的创造者，他经常深入一线职工中间，询问职工生活情况，为职工解决实际困难，公司所有的政策都向一线职工倾斜，在任何情况下都要保证职工的利益不受损害。企业改制后，每逢节日他都要亲自到困难职工、骨干职工家里走访，帮助其解决实际苦难。每年除夕夜、大年初一他都与当班职工一起度过，而他已经70多岁的母亲却一个人在武威老家过年，每逢春节，他都能感受到母亲期望他回家团圆的心情，他多么想能在万家团圆的时刻，陪伴在老人身边，但一想到有那么多职工仍然坚守在生产一线，他毅然选择了与一线员工在一起。他让员工体会到了职业的幸福感。

经常督促工会开展各项活动，是严生努力创造内外部和谐氛围的一个重要手段。改制后不久，正邦公司就通过平等协商与员工签订了集体合同，在严生的倡导下，公司实行厂务公开、党务公开、车间事务公开、班子事务公开等“四公开制度”，公司每年都拿出大量的资金用于先进员工表彰和全体职工的排毒疗养等活动。公司组织的团拜会、迎新年长跑、摄影比赛、篮球赛等各项活动，严生都亲自参加。他特别强调要搞好职工之家创建活动，他经常说：“职工清醒时的大部分时间都是在工作单位度过的，因此，我们要把班组打造成员工心灵和谐的温馨之家，让员工感受到工作的快乐。”

在他的企业中有严格的制度，但他从来不生硬地执行制度，而是通过大量的培训和教育，让职工明白之所以制定这些制度的道理，然后再去自觉地遵守制度。由他律到自律，这无疑是管理上的一种升华。公司每年都举办中层干部培训班、班组长培训班、技术及管理人员培训班，每一次培训班他都结合企业实际精心备课，他用生动的语言进行有力的说理，不仅告诉每个人应该做什么、怎么做，而且还要讲明为什么要这样做。在日常工作中也是这样，干部职工遇到问题，他都耐心教导，诲人不倦，许多人都觉得经他一指点，工作特顺手、进步特别快，能够充分体会到实现自身价值的快乐感觉。

严生有个很特殊的情结，那就是对党无限忠诚。

他常说：“我们这一代人是在党的教育下成长起来的，我们上大学那会儿不仅是不要学费，而且每月还发生活费呢，我永远记着党的恩情的。”“我们是感恩的一代，只要有一点机会，就会给予更多的回报。”正因为这样，在公司刚刚改制时严生就提出，企业党建工作是事关企业发展前景的大事，虽然企业改制了，但党建工作不仅不能削弱，而且还应该得到进一步加强。他认为，只有把党建工作摆在突出的位置，才能保证企业沿着正确的方向又好又快发展。但企业党建工作要结合企业实际做好、做实，要教育引导所属党组织和党员干部牢固树立起改制企业党建工作的新思路，充分认识改制企业党建工作的重要性和必要性。

严生要求改制企业党建工作不能走形式，不能走过场，更不能搞上有政策、下有对策。而应该突出两个字“实”“新”:“实”，就是要求党建工作必须紧密围绕企业生产经营实际，突出企业特色，真正解决人的思想困惑问题，真正解决改制企业在生存、发展中出现的实际问题；“新”，就是要求党建工作必须大胆创新，创造性地开展工作。形势在变，任务在变，情况在变，唯有创新，改制企业党建工作才能适应企业发展的新形势、新变化和新要求，才能跳出小循环，促进大发展。就是秉承了这一理念，才使正邦公司党委积极创新党建工作新方法，积极建立党建工作新机制，大力实施党建工作新举措，在探索中努力开创改制企业党建工作新局面。

严生在企业开展党支部“达标创优”工程活动，创建学习型党组织，开展科学发展观系列活动，创建五个好党组，建立党员突击队，开展“正邦人”形象系列教育等活动。开展《赢在执行》培训、《员工职业化阳光心态》培训，《海尔中国造》《没有任何借口》《方法总比问题多》《细节决定成败》《精细化管理Ⅱ》《问题背后的问题》《你的工资从哪里来》《让优秀成为一种习惯》等书目学习，并组织研讨和交流，在团队学习中实现知识共享，以开阔工作思路。

企业文化是企业之魂，一个企业要生存发展，必须要形成自己独特的企业文化，形成全体员工共同认可的价值观和理念。党组织具有凝聚人心、激发热情、协调各方、整合资源的独特优势，开展企业文化建设也是服务企业发展的重要形式。一方面，公司党委进一步完善企业文化内涵，形成正邦人共同认可的价值观和理念。通过召开讨论会、研讨会，组织员工对企业文化内涵进行提炼和丰富，利用板报、橱窗及《正邦信息》等文化载体对企业文化理念进行宣传，对符合公司价值观和理念的进行大量的宣传，对不符合公司价值观和理念的进行批评和点评，不断强化员工对企业文化的认同和理解。

严生的确是一个企业家的料，他抓什么都很实，都很管用，也都很有成效。他硬是靠自己的智慧把一个企业改制得如此成功，这不就是他人生最大的杰作吗？

和严生一起品着茶，就这么聊着，我的内心逐渐喷涨得很丰满，他的话语充满了弹性，在宏阔的磁性中，如河流一样恣意奔涌，听得我清气上升浊气下降，浑身澎湃着喜悦和满足感。他面带微笑真诚地和我交谈着，笑容明媚清澈，就像窗外的一笼苍翠刚被细雨洗过，纤尘不染。本来还想着请他给学弟、学妹们或母校寄语点什么呢，突然间，我觉得自己的这个想法太幼稚了。严生踏实工作、敬业拼搏不就是很好的寄语吗？我心口一缩，把快到嘴边的话硬是给咽了回去。长期辛勤的工作，体力与精力逐年透支，使刚过 50 岁的严生脸上竟然悄悄地长出了老年斑，但人还是那么硬朗，那么精神。10 年来，他两鬓多了许多白发，但仍无怨无悔。因为，他在工作中体现了自己的人生价值，他在工作中感受到了充实与快乐。他为人宽厚，处事低调，从不张扬，从不索取。平凡中见证着伟大，付出中赢得了尊重。严生以他那独特的方式实现着人生的抱负，体现着人生的价值。和严生聊天有种绽放的感觉，尤其聆听他说着厂子里的事，是一种发自内心的纯粹状态。不知不觉中，严生已经感染了我……

畅叙仍然在进行着，已经整整一天了。我抬头望着严生，落晖的光泽把他那原本就儒雅标准的男人形象勾勒得更加生动。

写完严生，我急匆匆把初稿快递给全国石油石化建安检维修专业协会秘书长曾跃林，此兄不仅具有良好的知识储备和哲学思维，而且为人耿直明快，与之交往踏实、靠谱。他和严生一样在业界赫赫有名。曾总认真看，细致改，尤其订正了许多我表述不精准的关键部分，我甚为感动！2015 年

10月6日，我邀请曾总和连续3次担当全国石油石化建安检维修专业企业家论坛的主持人、兰州石化公司荣玲莉一起为祖国庆生，餐叙间，我们不约而同又提到了严生，曾跃林兄脱口而出，说严生是一个有抱负的人、一个有情操的人、一个有远见的人、一个有包容心的人，又说严生能以仁治企、以德服人、以信交友。这些评价颇有代表性，也是严生的准确画像。但我却极其惶恐，不知道如此拙劣的笔墨写出了几分的严生？

创新谱华章

李浩放于1982年从学院化工仪表专业毕业后，走向了祖国化工建设的广阔天地。在神秘多彩的“聚宝盆”柴达木盆地，在宛如璀璨星辰的察尔汗盐湖上，都深深地刻写着他奋斗的足迹；在激情燃烧的岁月里，始终凸显着他奋进的身影，不断传播着他智慧的结晶、创业的成果。他是青海省科学技术重大贡献奖，青海省第三届“五四”青年奖章，第二届青海青年科技创业奖，黄河水电杯技术创新特等奖、一等奖，中国西部电视集团“西部英雄”，青海省重工业厅“劳动模范”，“优秀共产党员”，“青海省优秀专家”，“国务院特殊津贴专家”等荣誉称号的获得者。他是青海盐湖工业（集团）有限公司副总经理兼青海盐湖化工公司总经理、青海盐湖技术中心副主任、青海盐湖技术中心党支部书记、青海省青联委员。李浩放，是我们值得骄傲的校友！

1982年的6月，一位来自乐都县马厂乡何家堡村的农家子弟，走上了毕业典礼的讲台，他代表着全校毕业生在发言。只见他慷慨激昂地说：“我志愿到最艰苦的柴达木盆地去，到祖国最需要的地方去，那里是我用武的战场，是我用成绩回报母校培养我的场所。我希望大家同我一起去，用我们的青春和汗水来建设伟大美丽的国家！”发言还没有结束，台上台下的掌声已经响如雷声。

也许是年轻人一时的冲动，也许是真想让自己得以锻炼，但任凭他怎么想也不会想到28年后，他能够获得“100万吨项目光卤石采收系统技术创新类特等奖”“氯化钾控制系统技术创新一等奖”“劳动模范”“优秀共产党员”等国家、省部级、厅级的20余次奖励，他也不会想到自己能够成为中国钾肥生产水采船和钾肥自动化控制的学科带头人，不会想到自己负责设计制造的水采船全部达到国际先进水平，更不会想到自己是掌握目前世界先进的钾肥生产技术的中国钾肥工业科技精英中的优秀代表。但他做到了，他用业绩证明了自己是真正支撑中国钾肥工业的脊梁！

他就是青海盐湖工业集团股份公司副总经理、人尊称为“盐湖的脊梁”的学院82届校友李浩放。

28年前，李浩放怀揣着人生的梦想从学校来到了青海省钾肥厂，从那时起，他就把自己的事业和追求定格在祖国的西部青海。28年来，他从基层一步一个脚印干起，努力钻研，不断求索，在盐湖水采船的引进、消化、吸收和再创新以及在信息化带动产业化、重大装备国产化等方面都有李浩放突出贡献的烙印。2010年的3月，对于李浩放来说又是一个极其难忘的日子，这一天，兰州石化职业技术学院张方明院长把客座教授证书郑重地颁发给了李浩放，接到母校的客座教授证书，他难以抑制自己情绪，过去的一幕幕像过电影一样从他眼前闪过。

他清楚地记得，从学校毕业回家的第二天，就踏上了西去柴达木之路。在为他送行的路上，手上长满老茧的父母拉着他的手，再三叮嘱：“娃呀，我们穷人家，出个识字的人不易，不论去哪里，要吃得了苦，好好干活！”

李浩放刚到察尔汗时，人们住的是低矮破旧的活动板房，十几个人挤在一个大通铺上睡觉。看不见一抹绿色，看不到一只飞鸟。当夜，虽然李浩放和大家将就着挤在了一起，但是他却彻夜难眠，他睁大眼睛听着屋外如野狼嚎叫般呼啸的狂风度过了一宿。

李浩放来到自备电厂筹建处上班后不久，组织上交给了他一项艰巨的任务：为保证5月1日盐田灌卤水，保证当天钾肥一期工程顺利开工，要他组织人力从一选厂到盐田高纳泵站架一条10千伏的高压输电线！在短短两个月内，从一选厂到盐田，要完成10公里高压线的架设任务，难度是可想而知的。当时，一切才刚刚起步，各方面条件都很差，电杆、电线等一切生产设施，在没有路的盐田上，完全靠人背肩扛。

整整两个月干下来，李浩放和同事们个个手上留下了一道道老茧和血口子，脸被晒黑了，臂上脱了几层皮，电线终于架设完毕，通电典礼的那天，喜悦伴着激动的泪花从李浩放和他的战友眼中奔涌而出，旷野中一伙大男人紧紧抱成一团哭了……

后来，李浩放被调到钾肥厂子弟中学，担任了高一年级的物理老师。平时，总爱琢磨的李浩放，在教学期间带着学生搞实验、搞发明创造，在学校里搞了许多小革新，因此，不到两年的时间，就得到了人们的认可，大家给他冠以"革新家"的美誉。有一次，李浩放把学校墙上落满灰尘、废弃的大挂钟搬了下来，改成了自动打铃装置，既当钟又当铃，一到上下课时间，就自动打铃报信，改变了过去一到上下课时间吹哨子的"历史"。为此，厂里当月给李浩放奖励了30元钱！这是他工作后领的第一笔奖金，虽然钱不多，却激励着他今后献身盐湖科技事业的追求！

不久，被列为国家"七五"重点建设项目年产20万吨钾肥一期工程配套项目——1.8万千瓦的自备火电厂的筹建工作正式拉开帷幕，李浩放被任命为自备电厂电气车间副主任，参加筹建工作。当时，最让他头疼的是，如何确保发电系统不出技术故障问题，因为在那时的格尔木，根本买不到维修配件，如果到西宁、兰州等地去买配件，肯定影响工作进度。

艰苦的环境和强烈的工作责任硬"逼"着李浩放去钻研技术。发电不久，13台电压互感器连续出现烧毁现象，他就翻阅大量的资料，自己动手设计制造了一台消谐器，此后十余年从未出现过故障，彻底消除了可能带来的重大事故隐患。

一次，电厂锅炉系统，24台叶轮给粉机控制装置出现了故障，李浩放带着 3 名技工查了三天三夜，寻找电子元器件，自己设计搭建了一个电路板，更换了烧毁的控制装置，给粉机终于转了，可他却累得趴下了……

像这样没有记入他“革新小册”的成果还很多。但在关键时刻，这些革新成果及时排除了故障，解决了原设计上的一些技术性错误，保证了当时的正常发电生产，还为单位挽回了很多经济损失。

1991 年初，他被派到总厂所辖的二选厂担任技术副厂长。当时，为配套年产 20 万吨钾肥一期工程，青海钾肥厂耗费一亿多元巨资，从美国汉森公司引进的两条水采船，在湖水中试运行还不足二年，因水采船故障频繁，加之生产技术工艺落后等原因，产品一直不达产不达标，效益下滑，厂里困难重重。

此前，为了让这个神秘的水采船，在湖水中稳定地运行起来，许多技术人员付出了很多心血和智慧，翻译了大量的采船资料，不断调试维修，也多次从北京、上海等设计院所聘请技术专家来维修，维修需要进口配件，周期长影响生产不说，一年光维修费就花去几百万元。

“嘿，你们中国人不行，玩不转它！”当李浩放初次踏进水采船的控制舱时，一位同事曾把美国专家撤离时留下的话学给他听。瞧着指示灯闪烁的自控系统，复杂的液压、导航系统，李浩放斩钉截铁地说：“既然我们有气魄引进来这铁家伙，也有能力驾驭它！”

科学没有坦途，要玩转它，就得掌握它。于是，李浩放横下了一条心：学！

从此，李浩放和水采船紧紧地融在了一起。不论酷暑严寒，不管春夏秋冬，他几乎把自己所有的节假日都交给了湖水里的这个“铁家伙”，为此他还上了北方理工大学函授电气自动化专业，边学习边实践。

几年下来，概念、草图、英文词汇密密麻麻写满了厚厚的一摞笔记，李浩放渐渐吃透了水采船的自控、液压、导航、电气等系统，还掌握了与采船交叉的空间技术、无线电通信技术、传感器技术、电视信号处理技术等知识。于是，自主设计建造水采船的设想，开始在他的心中孕育、萌发、生长！

1996年，青海钾肥厂先是被列为全省建立现代企业制度试点单位，被整体改组为青海盐湖集团公司。紧接着，一期20万吨技改达产扩能改造为40万吨项目又被列为国家“九五”重点技改投资项目。此时，李浩放已调任公司生产技术处副处长。他想，一期扩能为40万吨，光靠原来两条水采船供料显然是不够的。如果再进口一条水采船，需要大量的外汇，可眼下企业如此困难……他觉得，凭自己和其他技术人员维修水采船多年的技术积累，从技术角度看，自主设计建造水采船的条件已经基本成熟。

冬去春来，整整三年时间，在李浩放的主持带领下，一个精干的水采船制造小组用汗水和智慧，在中国西部的察尔汗盐湖开发史上续写了新的神话和传奇。李浩放设计着水采船的总体方案，并具体设计了被称为水采船“中枢神经”“眼睛”的电气自控和导航系统。其他技术人员也分工承担了相关部位的设计和建造任务。

其间，李浩放年逾古稀的岳丈得了直肠癌，在四川住院，他没顾上去看；爱人被车撞后住院一个星期了，他还不知道；有的同事累得晕倒了，有的同事青丝变白……

1999年4月2日，对中国钾肥工业来说是一个难忘的日子，浸透着李浩放和他的同事们心血与智慧的盐湖3号水采船问世了，不仅填补了国内空白，还打破了美国人宣称的“世界上只有我们一家才能造出水采船”的神话。

盐湖3号水采船，与美国进口的第二代盐湖1、2号水采船相比，技术上有重大的创新和突破，导航系统从原来的微波导航升级到GPS全球定位导航，定位精度误差从1米左右降低到0.5米，日打矿能力比每条进口水采船高1.5倍，达到6500吨；电气、控制、液压系统升级到智能化系统，引入了PIC、现场总线等国际上比较前沿的技术，达到了一个崭新的高度；

比较复杂的机械装置进行了简化，但功能得到了升级，操作简洁方便；造价不足3000万元，为企业节约资金4000多万元。

依靠自己的科技人员，随着对水采船技术、反浮选冷结晶工艺技术、结晶器技术等钾肥生产世界性重大技术性难题的相继攻破，给钾肥工业带来了革命性的变化，中国钾肥工业像地平线上的太阳，从西部这块热土冉冉升起！目前世界上只有美国等一两个国家才有的这种先进的水采船制造技术、反浮选冷结晶生产工艺技术已经在中国柴达木盆地的察尔汗盐湖上奇迹般地出现。中国钾肥工业从此跨入了世界先进行列，为今后创业发展铺平了道路。

跨入新世纪，钾肥二期100万吨项目被列为西部大开发首批十大标志性工程之一。至此，在茫茫的察尔汗盐湖上正式拉开了大规模开发盐湖钾肥资源的序幕。100万吨项目，供料是个关键。为节省投资，集团公司经过多次反复论证后，决定自制6套水采船，进口2条水采船，而这一历史性的使命又重重地落在了李浩放的肩上。

此时，李浩放很清楚肩负的重任，他作为盐湖国家级技术中心副主任、百万吨项目加工厂项目副经理，要在2001年至2004年短短的三年间，再主持设计、建造出六套比盐湖3号采船性能更先进，具有当今世界领先水平的水采船，这难度不谓不大。要造出当今世界领先水平的水采船，就不能简单地“克隆”盐湖3号水采船，唯一的途径就是要技术创新！李浩放找到总工李小松，他俩经过对盐湖3号水采船存在的不足和缺陷仔细反复分析后决定，每条水采船配套建一艘活动加压泵站，水采船采用双切割头，导航采用双天线GPS全球定位系统，活动加压泵站和中心码头之间引入无线网络。

这是四个重大技术创新，大大弥补了盐湖3号水采船的不足和缺陷。光一艘无人值守的活动加压泵站，就解决了两个大难题：起下锚和加压泵的双重作用，矿浆管道比原来减少了一公里多，节省了百万元投资，提高了工作效率；采用的双切割头，改变了常规单切割头掉头耗时、采矿效率低的状况；双天线 GPS 全球定位系统，使采矿定位精度误差从 0.5 米再次降低到 0.2 米；无线网络技术的引入，操作员坐在中心码头的自控室里，就能清楚地看到几公里外的湖面上采船打矿的流量、浓度等工作状态，还可以随时调整生产状态。

2000 年下半年，刚刚主持设计建造完盐湖 3 号采船，1、2 号进口采船改造任务完成后，李浩放还没来得及喘一口气，又有一项重大的技术难题摆在了他的面前，组织决定要他主持开发设计 10 万吨加工车间工艺配套电气自控一体化系统。

电气自动化控制系统，是企业生产系统中的中枢神经和灵魂。对钾肥生产而言，即便采用了先进的生产工艺技术、采船输矿技术，但是如果仍沿用当时落后的人工操作的半自动化控制系统，就好比健全的人身上长着一颗弱智的大脑，是难以赶超世界先进水平的。

技术上的每一次创新突破，对李浩放而言，就是一次严峻的挑战。

此前，虽然他设计过水采船的电气自动化控制系统，但是设计建造生产工艺系统的自动控制装置，有很多的差异和不同，难度很大。

李浩放有一股永不服输的劲头，他知难而进，尤其在设计上的创新，每一步都布满了荆棘。在编制方案前，他首先在网上搜集大量的设备资料，而这些资料大部分都是英文，他对设备说明资料总要反复精读、比较，他在电脑前一坐就是十几个小时，半个月后，脚、腿肿得连路都走不动了。

在紧张设计的那段时间里，凌晨 3 点前他从来没休息过。有一天，他不慎将胳膊摔成重伤，妻子让他休息两天再干，可他说啥都不肯，他坚持用另一只手在电脑前绘图、计算……60 多个不眠的日日夜夜他就这样熬着，10 万吨加工车间设备安装也进入到关键阶段。那天，时间已过了午夜 12 点钟，李浩放在安装调试过程中，突然发现委托某设计院设计的电气部分，暴露出一个大的技术问题，即在设计中 8 台电机没有考虑启动设备，而现场只有一台启动设备，显然不行。如果再买8台启动设备，不仅耽误时间，还要花几十万元。

经过冷静的分析后，李浩放当场给对方技术人员画了一幅优化设计的草图，思路是，一台启动设备拖8台电机。对方技术人员吃惊地问：“这样能行吗?”

当晚，对方技术员按他的思路修改设计后，第二天顺利解决了这个疑难问题。从此，“一拖八”的故事，又作为一个创新的典型范例在盐湖职工中流传……

在10万吨加工车间的自控系统设计中，李浩放采用了世界上先进的Controllogix可编控制器，具有现场总线和控制总线两级网络、良好的人机界面和完备的系统内核，尤其把工艺要求和计算机技术有机地结合起来，能自动完成生产数据采集、设备监控、工艺监控等工作，一改过去工艺线上大量人工值守、人工操作的落后局面。

但凡来过察尔汗盐湖的人都知道，当时青钾人把10万吨加工车间视为他们科技进步的一个重要标志。上至中央领导，下到省、市干部，一旦到盐湖视察，几乎都参观过10万吨车间先进的生产工艺配套电气自控一体化系统，感受钾肥工业依靠科技进步带来的无穷魅力。李浩放还开发设计了获得国家发明专利金奖的反浮选冷结晶生产工艺配套电气自控一体化系统，彻底淘汰了沿用了十几年的落后的半机械化工艺，使钾肥生产技术跨入了世界先进行列。

在科技攀登的路上，李浩放每前进一步都在追求一种新的高度。他设计的100万吨钾肥生产工艺配套电气自控一体化系统，技术性能达到了当今世界领先水平，把我国钾肥工业整体技术水准再次推到了一个崭新的高度。

人才无价，创新是宝。一直关注中国钾肥工业发展命运的美国汉森公司领导，近年来发现李浩放这位年轻优秀的采船、电气自动化控制专家后，多次向李浩放抛出诱人的橄榄枝：希望他到汉森公司工作！但他都不为所动。

因经常性的业务关系，与国内许多知名的企业交流时，许多公司也看出了李浩放出众的才华，其中清华同方等公司希望他加盟，让他在更大的舞台上展示自己的才华。对很多人来说，这也许是一辈子中所期盼的并不多见的机会。可是，李浩放却婉言谢绝了。他说："察尔汗盐湖，是培育我生命的土壤，我的事业就在这儿，我无法离开这片深情的土地！"

是啊，他非常眷恋脚下这块土地。李浩放成功的事例再次证明，扎根基层同样精彩，抓住伟大时代所赐予的宝贵机遇，到祖国最需要的地方去，砥砺意志品格，勤学苦练本领，用汗水去耕耘希望，奉献自己的青春与智慧，照样能书写灿烂人生，照样能够实现自己的职业梦想与人生价值。

自得梅花香

首都北京，在国务院国资委机关老干部陶量家的客厅，有三幅题词引人注目，首先，映入眼帘的是苍劲有力的“勤奋”两字，在其旁边有两行小字:“身经风霜苦，自得梅花香”；第二幅是，现任中国人民大学徐悲鸿艺术学院党委书记、常务副院长、我国第一代书法博士郑晓华教授于新世纪看到中共中央对外宣传办公室和国务院台办转发陶量关于《赴台探亲见闻》报告后，深有感触地挥毫题词“苍松巍巍——陶量先生鸿文读后感想”；第三幅是，乙酉鸡年（2005）新春，现任全国政协委员、中国企业联合会和中国企业家协会副会长兼秘书长（原全国侨联副主席）陈兰通题词“天道酬勤——陶量同志雅正”。这是对陶会长勤奋为党、为国、为民创业事绩的真实写照。

陶量先生的家乡浙江省缙云县是革命老区丽水市所属九个县市区之一，是日本侵华战争的重灾区之一。当年粟裕大将军曾率领挺进军在这里抗日，尊敬的周恩来总理也到过此地，省委原书记刘英就牺牲在这里；全丽水的大发展得益于祖国的改革开放，由原来的欠发达地区一跃成为全国生态保护最好最美的养生福地、长寿之乡。全国闻名的黄帝寺，就坐落在缙云县仙都风景区内，与革命老区陕西省黄陵县的黄帝陵——“北陵”遥相呼应，被称为“南寺”，俗称“北陵南寺”。为此，黄陵县和缙云县也结为友好兄弟县。

少年发奋图强，立志为国为民。陶量，又名陈亮、晋京，现任中国革命老区建设促进会副会长、中央国家机关老干部文化健康中心副主任、高级工程师、在京丽水籍高级人才联谊会副会长、北京缙云人联谊会会长。美国世界文化研究中心授予陶量荣誉博士。

陶量于1940年11月26日（农历十月二十八）出生在浙江省缙云县七里乡大园村，自幼在家放牛、砍柴，同时在本村农闲上夜校。自小多磨难，曾亲历日寇狂炸临村柳塘陶氏宗祠惨状，家中长兄被匪军抓丁，父母全家受尽伪保长敲诈勒索。全靠共产党拨开乌云见青天，从火坑里获救得新生；因而，他8岁就读钦村初小，12岁毕业于新建小学，15岁毕业于缙云中学新建分部，就一直是优秀学生、优秀少先队员（读初小时的作文，由语文老师批送给高小班同学做示范和参考；在新建小学和新建中学读书时为少先队大队长），并加入共青团，成为优秀少先队辅导员。在新建中学读书期间，由于受时任校领导的信任，每个寒暑假都义务留校护校，并在团县委的统一领导下，负责组织并带领全校少先队员参加县城水南运动场夏令营军训，受到时任共青团缙云县委书记蔡景忠的表扬。他立志发奋图强，时刻不忘国耻，决心学好本领振兴中华！1958年，他毅然奔赴祖国大西北，20岁毕业于石油工业部兰州石油学校石油炼制专业（现为兰州石化职业技术学院）。

陶量在兰州母校四年的学生生活，正是国家从1958年的“大跃进”到1962年经济生活困难时期。让他难忘和感激的是，时任校党委书记唐亚芳（后任石油部外事局党委书记）、李杰和校长荆治平（后任兰炼总厂副厂长）、陈鸿潘（后任石油部教育局局长）和陈恩海等校领导十分重视和关心全校师生员工的学习、生活、思想和身体，尤其是班主任陈景荣（后任副校长）、劳法彬（后任中国石油大学教授）和政治老师李濬清更是对这些来自全国各地的学生无微不至的关心，几乎每天从早到晚学习生活在一起，就连晚自习后回宿舍睡觉，他（她）们还经常来看望，嘘寒问暖，生怕学生受冻挨饿，对学生关心爱护胜过家中父母亲。当时在校生活最困难的1961年暑假，校党委领导千方百计改善学生伙食，决定由校团委书记董文臻老师带领留校学生奔赴甘南藏族自治州大草原，组织大家采摘野果、挖掘蕨麻（俗称人参果）等“瓜菜代”，以补充当时粮食定量之不足。同学们享受到藏族地区“蓝天白云马儿跑，风吹草低见牛羊”的草原风光的无限魅力，并以实际行动为党、为国分忧！

由于母校领导的关怀培养，他在校四年学生生活中，一直担任共青团组织和班长等职；毕业前夕，校教务主任于树谦（后任副校长）和校团委书记董文臻（后任副校长）有时外出开会或向上级汇报工作，也让陶量一起去，还让他代表校团委到团市委送交团费等，从各方面对陶量给予信任、锻炼、培养和考察。

陶量在毕业时，组织上又让他参军到青海边防部队军训锻炼近一年，回到母校向兰州炼油化工总厂报到，并直接分配到总厂计划处工作。有趣的是：他在兰炼工作头一个月工资与餐券（饭菜票）等装进上衣口袋兴致勃勃上街，在人群拥挤的商店丢失得一干二净；在这艰难之中，兰炼计划处领导和同志们在自身粮食定量不足的情况下，硬是从口中节食救济帮助他，就连同宿舍负责厂区油品运输的火车司机张景忠，也将从山东老家邮来的小米送给他以度艰难；更让他感动的是，当时母校的政治老师李濬清得知后，代表校党委和老师将无限关爱与温暖送给他……这一切都使他感受到党组织的无限关怀和社会主义大家庭的无限温暖！从此，他决心把自己的一切都交给党、国家和人民，全心全意努力学习和拼命工作！

陶量在兰炼（兰州石化公司）学习和工作七年多，时任总厂党委书记许士杰（后任石化部副部长兼政治部主任）、厂长贾庆礼（后任石化部副部长）和葛立兴等领导长年如一日深入生产车间和施工现场，并组织带领陶量一起深入基层与工人群众同吃、同住、同劳动；还经常通宵达旦在办公室为他修改“调查报告”等文字材料；时任计划处处长荣镇中（后任山东淄博石化公司总经理）和俞海潮（后任湖南省副省长）、潘明方（后任石油部计划司司长）等领导言传身带、手把手传帮，使他在工作实践中的业务能力和政治思想等得到了全面锻炼、提高和成长。兰炼党委和总厂领导还选派陶量到《甘肃日报》和甘肃省委宣传部学习和工作，使他得到更全面的锻炼和成长。陶量在兰炼工作期间，于1964年和1965年连续两年被评为全厂“五好标兵职工”（当时总厂党政机关只有调度室主任聂英华和计划处干部陶量两人获此殊荣）。陶量在兰炼党委宣传部和《甘肃日报》社学习工作期间，还多次到兰化公司学习采访，受到时任公司党委书记李超白和公司经理林殷才等的热情接待，并亲自为他做介绍，使他获益匪浅，很受感动。

为此，陶量将母校兰州职业技术学院和兰州石化公司党政领导、全体师生员工的深情大恩永远铭记在心，并以此为动力奋蹄扬鞭、奋发图强、永远前进，决心为党、为国、为民服务，贡献终生!

当年，陶量同志坚决服从国家建设发展需要，听从组织安排和调遣到北京燕山石油化工公司和吉林化学工业公司等全国大型国有企业的生产第一线工作、学习和锻炼。在长期的工作实践过程中，他继续进修研究生课程，毕业于北京经济函授大学和中共中央党校经济管理本科专业；在赴美学习和考察中，毕业于美国派普丹大学宏观经济管理专业；1978年后在石油工业部计划司工作和在化学工业部任部长秘书，历任化学工业部出版处副处长，国家经济委员会企业局处长，1988年被评为高级工程师，任国家计划委员会《经济消息》编辑部主任，国务院生产办公室政策研究室主任，国务院经济贸易办公室政策法规司副司长，国家经济贸易委员会经济干部培训司副司长，中国企业管理培训中心副主任（主持工作），《中国企业史》副总编辑等；曾任中国西部经济发展研究中心副主任；长期兼任首都经贸大学经济研究所特邀研究员，北京大学信息化与人类行为研究所顾问，江西庐山经济干部培训中心管委会主任，北京达美纺织集团公司高级顾问，全国环境保护电视讲座领导小组成员，《现代企业模拟市场管理论观》副主编，《中国企业管理案例》编审委员会主任，《价值工程》杂志编委会副主任，全国企业管理现代化研究会副秘书长，中国价值工程研究会副会长，全国职工职业道德建设领导小组成员，国务院消费基金检查领导小组成员，中国职工教育和职业培训协会常务理事，中央国家机关讲师团福建团党委副书记兼副团长，中国保护企业法人合法权益工作委员会顾问，《经理人内参》专家指导委员会委员，中国科学院工程塑料国家工程研究中心技术委员会委员，《市场观察》杂志社副社长，中国文史出版社特约编委和中国国际交流出版社特约顾问编委等。曾多次参加国家经贸代表团、中国职业教育考察团等出访，先后考察了日本、新加坡、比利时、瑞士、澳大利亚、法国、英国、德国、美国和加拿大等十多个经济发达国家。

深入调查研究，著作蜚声四海。陶会长长期从事企业管理、人才培训和经济理论研究等工作，多次参加中央和国务院有关工业经济、企业管理及干部培训等方面的方针、政策、法规、制度及文件的起草制订工作。曾和中共中央组织部、国家人事部有关领导一起到我国西南、西北地区对人才培养和干部培训工作进行调研，其“调研报告”在新华社《国内参考》发表，为国家制定“干部教育和人才培养长远规划”起了一定作用。1993年他任中国经贸赴美考察团团长期间，访美的考察报告《美国政府对市场经济的宏观调控与现代企业制度》一文受到时任国务院经贸办主任王忠禹批示："陶量同志的赴美考察报告与王家瑞同志（现任中共中央对外联络部部长、全国政协副主席）的赴英考察报告，可在机关全体干部大会上作介绍。"得到有关领导、专家与学者好评，并发表在《价值工程》等报纸杂志上，还被编入《中国企业管理年鉴》；1994年在中央党校学习的毕业论文《试论市场经济条件下的培训工作》被评为优秀论文，刊登在《中国培训》和《企业管理》等报纸杂志上，并被中国社科文献丛书编委会编入《中国改革开放的理论与实践》一书；1995年陶量赴德国的考察报告《德国的职业教育和公务员培训制》一文，得到德高望重的老领导袁宝华的亲笔批示："已阅，很有启发。16年前我和彦宁、马洪同志去西德考察，对'双轨制'印象很深。我国职业教育法即将出台，研究工作应进一步加强，整顿一下也有必要。此件可送全国职教协何光、李亨业同志阅核。"这份赴德考察报告已在国家经贸委《学习与研究》《中国干部教育》《企业管理》《价值工程》和《中国企业报》等报纸杂志上发表，并由中央文献出版社编入《中国改革开放二十年》等大型文献丛书中。1996年12月30日，中共中央委员、国家经贸委主任王忠禹在陶量《关于对甘肃部分企业学邯钢和人才培训情况的调查报告》上批示："确有经验，可在全国学邯钢会上交流介绍。"时任国家经贸委副主任兼秘书长李荣融题词："已有新开局，再上新台阶。"1997年主编出版《全国企业学邯钢经验汇编》一书，老革命领导、全国经济界泰斗，原中央顾问委员会委员、国家经济委员会主任袁宝华亲自题写书名并作"序"。1998—1999年陶量深入老、少、边、穷地区调研，写出了《关于对四川、西藏部分企业改革情况的调查报告》，提出要求建青藏铁路的建议（即建设西宁至拉萨的世界屋脊铁路的意见），得到领导、专家的好评与赞成，并刊登在《价值工程》等报刊上。2000年新世纪伊始，陶量撰写了《关于赴台探亲见闻——台湾民众的担心、希望、建议和要求的报告》，受到中央对外宣传办公室和国务院台湾事务办公室的重视，刊登在《港澳台舆情》和《经理人专供信息》上；2001年陶量任《中国企业史》副总编，组织和参与编撰并陆续出版《中国企业史》的古代卷、近代卷、现代卷、企业卷和台湾卷等；2002年他参与国家经贸委机关“喜庆党的十六大摄影书画展览”，荣获摄影一等奖；2003年陶量组织专题“可爱的家乡”摄影诗词集锦，先后有30多首诗词发表在《当代中华诗人志》和《巨变家园——新乡土诗选》等报纸杂志上，受到好评；2004—2006年，陶量深入革命老区山西、福建、浙江和黑龙江等地调研，写出了《中国边境老区的先进典型》等调研报告和国家知识产权局授予高科技产品的发明专利《全自动光电供热系统建设的可行性研究报告》，并参与努力为《老区发展促进法》通过十届全国人大三次会议主席团列入议案立法，全力为老区建设发展鞠躬尽瘁。他还分别编著和参与编著出版了《当代企业家之友》《国际经贸博览》《企业管理现代化》《企业管理工作手册》《现代企业内部经营管理》和《企业经营者管理知识更新教材》等30多部书籍；并有200多篇理论研究和报道文章及诗词在全国各大报纸杂志上发表，其中有许多见解、意见和建议，得到党中央、国务院有关领导的重视和采纳，在国内外经济界产生了积极的影响。

在国庆66周年华诞之际，陶量接受记者采访，当年与吉林化工公司张新民同志共同编著《当代企业家之友》《国际经贸博览》两本书（1989年国庆40周年献礼的处女作，陶量时任国家计划委员会经济消息编辑部主任、高级工程师），由职工出版社通过新华书店向国内外公开出版发行后，在市场上很快销售一空，薄薄的两本小册子，竟然在社会上有了较大的反响，不仅受到众多企业家、实业家的喜爱，并且得到全国各大专院校教职员工的青睐，获得社会各界较高评价，普遍认为有实用和使用价值。特别是清华大学、浙江大学、厦门大学等著名大学与相关图书馆至今仍在互联网上公开为这两本书做介绍、做宣传广告。每本定价只有几元钱的书，已被卖到 100 多元，仍一书难求。

记者和亲友们跟陶量开玩笑：您 26 年前的“处女作”已成长为“大美女”啦，当年的“糠菜粮”变成“香饽饽”了，真让人有点不可思议呀！这是否因陶量先生学的是石油化工专业，干的是企业管理工作，搞的是政策研究而成为宏观经济专家，具有前瞻性、预见性！不等陶量回答，记者已代为讲话了：应该说是得益于党的改革开放好政策和习总书记“四个全面”战略部署！陶量和在场的友人都认可——这两本书是改革开放的产物，它要为创新发展、深化改革发挥作用，为实现实业兴国、科技强国摇旗呐喊、鸣锣开道！

一贯艰苦朴素，甘当人民公仆。陶会长一贯刻苦学习，积极工作，努力进取，忠心耿耿，为国家和人民奉献一切；他在工作和生活中，艰苦朴素，廉洁奉公，一身正气，两袖清风，豁达大度，刚正不阿，敢于直言，不怕打击，光明磊落，平易近人，和蔼可亲，事事助人为乐；他是自学成才的时代楷模，是一心为国的文明典范，是尊师爱幼的为人表率。早在 20 世纪 60 年代，他参加工作不久，就被评为兰州炼油化工总厂的“五好标兵”职工；70 年代，为总结好我国石化工业第一套 30 万吨乙烯从国外引进工程的建设经验，他深入工地，深入现场，不怕冷和热，不怕苦和累，与施工第一线职工同吃、同住、同劳动，并参与中央新闻电影制片厂工作，出色地完成了工程建设的经验总结及项目施工实况拍摄纪录片的文字说明等工作；80 年代末，其精心撰写《当代企业家之友》和《国际经贸博览》两本书，春节期间亦无闲暇；90 年代以来，他多次获得优秀党员干部和先进工作者等光荣称号，尤其是 1993 年 7 月他担任中国省市经贸委主任考察团团长赴美国考察时，深受国际友人的欢迎，洛杉矶市长亲赠“欢迎状”，他的即席讲话文稿与照片发表在《国际日报》和《洛杉矶时报》上，载誉而归。陶会长名扬中外，名列《天下名人馆》和《浙江古今名人选编》。德高望重的老领导袁宝华（原中共中央委员、中央顾问委员会委员、国家经济委员会主任）于1988年2月16日题词：“向陶量同志学习。”国务院企业管理指导委员会主任、全国人大常委会委员张彦宁于1988年2月23日题词：“祝陶量同志继续努力，更上一层楼。”1992年春，袁宝华又一次题词：“春潮带雨晚来急，野渡无人舟自横。陶量同志雅正。”1987年以来，他多次在中南海怀仁堂、紫光阁和人民大会堂受到江泽民总书记、李鹏总理等中央、国务院领导人的接见，并与之合影留念。《中国日报》（海外版）、《光明日报》、《金融时报》和《中国教育报》等先后报道他的业绩与思路。2000年新世纪伊始，他不顾自己年龄和身体，坚持深入西藏高原和黑龙江边疆等地调研，即使到台湾探亲，也始终以大局为重，多次写出了有分量、有价值的调查报告，深受领导和同志们的好评和欢迎。陶会长始终以人民的好总理周恩来和伟大的文豪鲁迅为光辉榜样，甘当人民的老黄牛，甘当人民的好公仆，一心扑在党和国家的事业上，聚精会神、全力以赴、心无旁骛地专注经济发展工作，不断为我国社会主义现代化建设做出新业绩。为此，经中央、国家有关部门及中外名人研究中心等单位大力推荐，作为对社会有特殊贡献的人士，其传略与业绩被选编入《世界名人录》《中国创业功臣大辞典》《“三个代表”的理论与实践》《全球华人专家英才录》和《中华诗人志》等书中。美国世界名人文化研究中心授予陶量荣誉博士；国际中华文化艺术协会、中国诗词协会和中华艺术家联合会授予陶量“优秀中华文艺家”“当代国学家”“国际中华优秀作家”等荣誉称号。

天道酬勤，功夫不负有心人。由于勤奋，他从农村走向全国和世界，不断为国为民创出业绩；也由于勤奋，他言传身教使子女个个成才，女儿陶晓红和儿子陶智源从大学本科到研究生，从国内走向国外，在新加坡和澳大利亚发展事业；更由于勤奋，他始终关心家乡和回报家乡，指引乡亲们走致富道路。陶会长书架上有两本精装书，一是《缙云文献》，二是《缙云台联二十年》，书中记录了他为祖国和平统一、强国富民政策、加强企业管理、创优质产品、不断走向世界而付出的心血！

老骥志在千里，奉献老区人民。老骥伏枥，拾遗补阙。陶会长积极响应党的号召，坚决贯彻国家的政策规定，按年龄要求离开现职退休后，仍然老骥伏枥、志在千里，听从组织和领导的要求和安排，毅然挑起为全国革命老区和祖国大西北经济发展的重担，分别担任中国革命老区建设促进会副会长、中国西部经济发展研究中心副主任、中央国家机关老干部文化健康中心副主任和在京丽水籍高级人才联谊会副会长等职务，继续为党、为国、为民任劳任怨，长年如一日奋发努力！

几年来，他所做的工作和业绩很多，从一些事件中可见一斑。从2004年至今担任中国革命老区建设促进会副会长期间，分别与王作义名誉会长（北京军区原政委、中将）、邱金凯会长（北京军区原司令员、中将）和唐德华副会长（最高人民法院原常务副院长）、桓玉珊副会长（物资部原副部长）等会领导一道深入河北、山东、山西、江苏、福建、江西、四川、云南、甘肃、广东、海南、广西、浙江、黑龙江等省、自治区的革命老区基层农村进村入户考察调研近百批次，做到随时随地与当地党政领导交换意见，及时解决实际问题，还将考察调研报告呈送党中央、国务院及有关部门的领导，在得到肯定的同时，有的还分别在新华社《国内参考》《国内动态清样》《人民日报》《中国经济时报》和《中国老区建设》等报刊刊登，起到了为党和政府的决策鼓与呼、推与促、帮与扶等方面的关键作用，受到了老区人民群众的热烈欢迎与赞扬！在国务院扶贫办2012年工作会议期间，国务院扶贫办范小建主任代表国务院扶贫领导小组授予中国老区建设促进会等五个单位“全国扶贫开发先进集体”荣誉称号，陶量副会长代表邱金凯会长参加会议并上台领奖。全国政协第十一、十二届副主席兼秘书长王忠禹（曾任国务委员兼国务院秘书长）于2013年元月17日题词："祝陶量同志服务老区贡献终身"。

在当年由江泽民总书记亲自批准建立的中国老区建设促进会成立20周年（2010年9月）之际，他积极参与筹备全国革命老区先进单位和先进个人的总结表彰工作，在人民大会堂受到贾庆林接见，并与全体代表（700人）合影留念。党中央、国务院领导历来十分重视和关心革命老区的建设发展工作，江泽民、胡锦涛、习近平等历届总书记逢年过节都和老区百姓在一起。当年，国防部长迟浩田，全国人大常委会副委员长姜春云、顾秀莲，国务院副总理李岚清、陈至立等多次在人民大会堂接见并听取中国老促会领导的工作汇报，对全国革命老区的建设发展做出了一系列指示。这一切，对为革命老区无私奉献的工作人员是极大的鼓舞！

国庆60周年（2009年9—10月）期间，由中共中央组织部、解放军总政治部和中共北京市委共同举办"庆祝中华人民共和国成立60周年全国书画摄影展览"，他在陕北革命老区拍摄的《陕北老汉》照片，由国务院国资委机关选送在中国人民革命军事博物馆展出，被评为优秀摄影奖。

喜迎"党的十八大书画摄影展"（2012年10—11月）期间，由国务院国资委机关和浙江省政府驻京办分别选送陶会长的书法《造福人类》和《辉煌成就日月同辉》参展，作品被评为优秀奖、二等奖等，他本人荣获中央国家机关工委和国务院机关事务管理局授予的奖状、证书和奖金。他获奖的书法作品，已被编入国务院机关事务管理局《书画作品展》大型书画册和国务院国资委管理局《浓墨重彩颂辉煌》书法摄影集等，并连年喜获国务院国资委机关稿件优秀奖状。

陶量还一直关心北京及家乡缙云经济公益事业的发展，长年如一日为家乡脱贫致富和缙云经济建设的重点工程项目献计献策，为家乡从美国等经济发达国家引进高级尖端优秀人才等多方面做出了积极的贡献!改革开放以来，他积极筹建成立了北京缙云人联谊会并被推选为会长。三十多年来，他一如既往地为北京缙云人联谊会积极热心地工作。在筹备和召开北京缙云人联谊会工作中，努力做到了每一至两年就召开大型联谊会活动，各种小型座谈会和研讨会长年不断；并将缙云在京人士的工作、生活、学习和业绩等情况进行专访和编写，亲自担任主编，出版了《北京缙云人》资料书籍一、二、三、四集，内容图文并茂，丰富多彩，受到家乡党政领导和在京人士以及国内外众多同仁乡友们的肯定和赞美!

陶量的座右铭是“淡泊明志，宁静致远”，“天下为公，人民最大”。进入21世纪后，到退休年龄的他，本应好好休息了，可没想到更重更大的担子还在后头。国务院国资委党委书记、主任王勇（现任国务委员、中央委员）和国务院国资委机关离退休干部局领导十分关心老干部，亲自交心谈心，亲自听取意见，努力改进工作，上水平、上台阶。陶老做到老骥伏枥、志在千里，他坚决服从党和国家的需要，俯首甘为孺子牛。天道酬勤，他正以崭新的精神面貌继续为国家的现代化建设做出新贡献。

关心老区发展，热心慈善公益。最近，国务院国资委机关领导在赞扬陶会长主编《北京缙云人》（第四集）问世的同时，要求他把退休健身与公益养心的爱国利己感言写点心得体会。

确实，陶量退休十几年来，一直从事革命老区建设发展的公益事业。虽已年近古稀，但身体尚无大碍：主要得益于退休前的心态调整，退休后义务奉献革命老区事业，做到量力而行，每日看书、学习、写字、散步、交友、谈心，动静结合、劳逸结合，实现了健身与公益相辅相成，他深感是党和组织的培养才有了幸福的今天；他为有生之年能为党和国家的公益事业做出贡献而快乐、高兴和自豪。他的切身体会：身心健康与公益事业相辅相成、相互统一、相得益彰!

陶量参加工作五十多年来，特别是退休十多年来，一直坚持与有关领导和同志们一道深入全国各地革命老区调研考察，写出了有一定分量的报告，向党和国家及有关部门、地区积极反映情况，建言献策，包括向老少边穷地区和灾区、希望小学等捐款、捐物、赠送爱心书、织毛衣等，还到革命老区慰问老红军、看望孤寡老人、资助穷弱病残者。积极参加部门、单位的有关活动，并写文章、投稿件、练书法、吟诗词、座谈会、听报告、唱红歌和拍摄照片、搞展览等，做了公益事业，愉悦了身心，实现了身体健康和公益慈善双丰收。

党和国家兴旺发达，革命老区的建设发展，人民生活的大提高，特别是习总书记的“八项规定”和“四个全面”的战略布局，振奋了离退休老干部的心情，使他们更加幸福、快乐!

陶量退休后，结合全国革命老区建设发展、家乡在京人士工作生活和自己在国家机关的活动情况，连续主编出版《北京缙云人》一、二、三、四集计一百多万字，三千多幅摄影书画照片，图文并茂，北京人士与家乡亲友互动、老区内地与发达地区互补。尤其是《北京缙云人》（第四集）一书于今年清明节在革命老区家乡丽水和缙云赠送后，受到当地党政领导与父老乡亲一致好评。丽水市委、市政府机关报《丽水日报》在“要闻版”刊登访谈录：“真情一片倾故乡——访中国革命老区建设促进会副会长陶量”。缙云县委、县政府机关报《缙云报》也在“要闻版”刊登报道：“《北京缙云人》（第四集）与家乡父老乡亲见面啦”，该报“深度”专栏整版刊登专题报道：“陶量一生勤奋　为国为民终不悔”（约7000字文章，并配发新闻照片）。中国革命老区建设促进会会长邱金凯（北京军区原副司令员、北京卫戍区司令员、中将）专门指示：“胡副秘书长转告陶副会长，邱会长及坐班的几位领导已阅读《丽水日报》、《缙云报》等刊登的陶量副会长《真情一片倾故乡》的专题报道，很受教育。邱会长指出，陶量副会长多年来为家乡、为老区倾注一片真情，做了大量有益工作，精神可敬，值得学习，还望多保重身体。”今年清明节，他回老家扫墓期间，还将自己老家故居房产全部捐赠给当地政府，并将自己收藏的3000多本书陆续运回革命老区家乡建一个乡村图书馆，让当地民众免费阅读。此举受到当地领导和父老乡亲的赞扬!

“全国革命老区建设促进会第十次会长座谈会暨创新老区扶贫模式现场见学活动”于2015年5月20日至23日在甘肃革命老区庆阳市举行。中国老促会会长邱金凯和甘肃省老促会会长陈秀（兰州军区原副司令员、中将）率领中国老促会副会长李永海、李广琪、陶量、石宝华等和国务院扶贫办、各省（区）市老促会负责人与会代表近百人深入环县、庆城县、华池县等革命老区农村扶贫绒山羊养殖基地与示范点观摩学习，集体向南梁革命烈士纪念碑敬献花篮，参观南梁革命纪念馆、大凤川军民大生产纪念馆、抗大七分校旧址，深切缅怀革命先辈的丰功伟业，特别是以当年刘子丹、谢子长、习仲勋为首创建的陕甘革命根据地，成为党中央和红军长征的落脚点，又是红军主力改编为八路军开赴抗日前线的出发点，全体与会同志受到了更深刻的革命传统教育。会议参观期间，甘肃省扶贫办主任李世英，庆阳市委书记栾克军、市长贠建民、副市长秦华，庆阳军分区司令员曹昌俊和庆阳市人大常委会主任张甫虎及当地市县领导等全程陪同并做全面介绍。

国务院国资委机关党委《学习与研究》（内部刊物）2015年第20期刊登陶量同志《在公益事业中愉悦身心》的文章，受到领导和同志们的好评。今年是中国人民抗日战争和世界反法西斯战争胜利70周年，陶量同志积极参与各项活动，并以书法题词和诗歌朗诵等形式参加中央国家机关和国务院国资委机关的宣传展览“以史铭志圆梦中华”“正义战胜邪恶”

“全世界人民大团结万岁”；他参展七律诗《铭记历史铸辉煌》：

当年日军炸吾村，长兄被抓恨在胸；

少小立志跟党走，领袖指点江山红。

军民团结如一人，所向无敌东方龙；

铭记历史立壮志，圆梦中华万代隆。

陶量先生十分感谢家乡的中小学，特别是兰州石化职业技术学院，他在那里度过了难忘的四年学习生涯；在其毕业走向工作岗位之际，党和国家又让他在青海边防部队军训锻炼；兰州石化公司当年的计划处和党委宣传部，让他深入施工现场和生产车间，那里是他走上工作岗位锻炼成长的课堂。2006年他亲临母校50周年校庆并题词：“科学发展教育为本　石化英才誉满全球”。在母校60周年校庆到来之际，他题词：“石化英才走天下　国强民富母校恩”，以表母校对莘莘学子的培育之恩。

借此机会，他还要感谢兰州石化公司党委书记李政华、经理李家民等公司领导，近年来多次到京慰问老同志，组织召开当年在兰州石化公司工作过的、现在北京各部门司局级以上老同志座谈会，一是介绍公司当前生产经营情况，二是征求和听取公司发展的意见和建议等，这是对这些从兰州调到北京工作的老同志的关心、照顾和爱护。

陶量表示，要衷心感谢中央国家机关历届领导，特别是国务院国资委机关离退休干部局领导长年如一日的关心和照顾。我们一定要以习近平同志为总书记的党中央为核心，坚定中国自信、立足中国实际、面向中国未来，为全面建成小康社会、全面深化改革、全面依法治国、全面从严治党的“四个全面”战略布局透视中国发展，解析中国信心，读出更多的底气、更大的机遇和更广阔的前景，决心牢记并遵照习总书记的重要批示：“革命老区和老区人民为中国革命胜利作出的重要贡献，我们决不能忘记。一定要加快老区建设步伐，让老区人民过上更加幸福美好的生活。”我们这些离退休干部和全国人民一道，完全有信心、有能力攻克前进征程上的艰难险阻，争取早日实现中华民族伟大复兴的美好未来！

兰叶春葳蕤

这里要讲述的是十八大代表、全国五一劳动奖章获得者——张恒珍校友。张恒珍是学院有机9242班毕业生，1994年7月从学院毕业分配到中国石化茂名石化乙烯裂解车间。只有中专学历的她在高学历人才济济的茂名石化乙烯，不甘人后，刻苦钻研，从一名不起眼的普通女工成长为全国技术能手，为茂名石化创造乙烯装置长周期运行79个月的国内新纪录、百万吨乙烯改扩建工程投料开车一次成功、乙烯装置大修实现“零排放”、乙烯效绩达到亚太地区一流水平等辉煌业绩做出了突出贡献。这就是人们常说的“中国工匠”，没有显赫的文凭，没有耀眼的职称，但在平凡的岗位上却能改变着企业命运的人。

张恒珍2004年获“中国石化集团公司技术能手”称号；2005年获中国石化“巾帼建功标兵”称号；2006年获第八届“全国技术能手”称号；2007年获广东省“南粤技术能手”称号；2008年获“中国石化劳动模范”、茂名市“敬业奉献道德模范”称号；2009年获“中央企业劳动模范”称号；“全国知识性职工先进个人”称号；2010年获“南粤巾帼十杰”“广东省三八红旗手标兵”称号；2012年当选党的十八大代表，获广东敬业奉献好人；2013年，获得全国五一劳动奖章。2013年中国石油化工集团公司、中国海洋石油总公司、陕西延长石油（集团）有限责任公司联合主办的首届“加油中国·传承铁人”年度人物评选揭晓，张恒珍当选首届“传承铁人”年度人物，享受国务院特殊人才津贴。一串串荣誉的背后是一件件辛劳的付出。

她勤学苦练，从一名中专生成长为全国技术能手。1994 年 7 月，张恒珍毕业分配到茂名石化乙烯裂解车间。她抓住每一个机会，进行业务技术与实践经验的积累。平时一有空闲时间，她就钻研乙烯生产技术的书籍；单位安排她去齐鲁、大庆学习，她如饥似渴地汲取着“养分”；在茂名乙烯建设工地，她跟着师傅，疏理一条一条管线，熟悉一个一个流程；在生产现场，她勤爬塔罐、勤问师傅、勤动脑思考，很快就掌握了整个装置的流程和各个岗位的操作技术，成为茂名乙烯裂解装置第一位“问不倒”的“活流程”。2003 年，在激烈的班长竞聘角逐中，她以绝对的优势，成为国内乙烯龙头裂解装置为数不多的女班长。2004 年，她率队参加全国职工职业技能大赛，一举夺得团体第二、个人第四的好成绩。2006 年 8 月，她走进人民大会堂，捧回了“全国技术能手”的大红证书。同年 10 月，茂名石化公司聘任她为高级操作师。

她技艺超群，是干部职工眼中的“装置定海神针”。19 年来，张恒珍坚守在裂解装置分离压缩系统碳二加氢操作岗位，不仅在操作上一直保持着零差错的纪录，而且还是解决裂解装置各类技术难题的行家里手。碳二加氢反应器是裂解装置最“敏感”的设备，稍有不慎，就会使反应器“飞温”，导致装置停车。在她当班时，从未让碳二加氢反应器影响产品质量，去年 2 月，茂名石化乙烯 2 号裂解装置停车检修。这次检修，碳二加氢系统更换了国产化催化剂。新催化剂在使用初期具有活性高、选择性低、容易发生“飞温”现象的特点。张恒珍每天守在现场，跟踪催化剂的装卸，认真分析影响升温速度主要因素，大胆优化开车升温方法，精细调整，确保了反应器平稳运行，从第一台石脑油炉投入到碳二加产品氢合格，仅用了 7 个半小时，不仅避免了“飞温”现象，而且实现了“零排放”开车目标，开创了国内同类装置零排放的先河。从创造 1 号裂解装置长周期运行

79个月的国内最长纪录，到百万吨乙烯改扩建工程一次投产成功并连续平稳运行40个月，再到茂名石化乙烯实现开停车零排放，每当企业最需要的关键时刻，张恒珍总是挺身而出，解决关键问题，成为裂解装置的“定海神针”。

她敬业奉献，甘愿做企业发展大道上的一块铺路石。张恒珍甘于奉献，为祖国乙烯事业奉献着青春与智慧。2006年百万吨乙烯改扩建工程投产的关键时刻，她在操作台上连续奋战22小时，果断解决了影响装置投产的技术难题，成功开起碳二加氢系统，为百万吨乙烯高水平开车发挥了关键作用。2007年，她主动放弃探亲假，坚持参加装置检修，错过了与把她一手带大的爷爷见最后一面的机会。2010年装置检修，她再次主动请缨担负15座60至97米的高塔内件检查把关，连续20多天不回家，完成了一般女工无法完成的工作。2012年9月，她住院动手术，在身体未完全康复的情况下，急工作所急，回到岗位，为裂解装置增创效益做出了贡献。当年和张恒珍一起入厂的大中专毕业生，要么到了管理岗位，要么跳槽去了别的企业，但她依然坚守在倒班操作第一线。她利用业余时间培训青年职工，为中国石化集团公司编写近8万字的脂肪烃乙烯装置操作工分离系统工艺培训教材，并先后两次担任中国石化高级技师培训班脂肪烃分离工艺讲座教师，将日常工作中总结提炼的绝技倾囊相授。这几年，先后有多家外企和民营企业向张恒珍伸出“橄榄枝”，许以高薪和丰厚待遇，但她都不为所动。她说：“是茂名石化培养了我，我的根在中国石化。公司的发展需要每个成员付出努力，我甘愿做企业发展大道上的一块铺路石。”

三心写人生

在江西省贵溪宝山金属有限公司有这样一个人，她年轻，她激情，她充满活力，她被员工称为不知疲倦的人；她吃苦，她奉献，她为人低调，被员工封为“孺子牛”；她勤奋，她上进，她富有爱心，被员工亲切地唤为好姐妹。她就是时时处处以共产党员标准要求自己的80后党员曹晓桃。因为勤恳的工作、无私的爱心、出色的业绩，她光荣地当选为贵溪市、鹰潭市、江西省和全国四级党代表，光荣地出席了中国共产党第十八届全国代表大会，受到了党和国家领导人的亲切接见，她荣获了“江西省劳动模范”和“全国‘五一’劳动奖章”等荣誉称号。2006年6月，曹晓桃从石化学院人文社会科学系会计电算化专业毕业。曾任学院团委组织部部长兼学院学生会副主席，在校期间荣获“国家一等助学金”、学院“一等、二等奖学金”、“甘肃省优秀团员”，多次荣获学院授予的“优秀学生干部”“优秀组织者”等荣誉称号。

赤心献策，把公司当作自己的老人一样来尽责。曹晓桃常常说的一句话是，如果人人都把公司当作自己的老人一样来尽责尽孝，那么公司就不会被任何风浪所击垮。

2007年，大学毕业不久的曹晓桃作为一名普通员工进入宝山公司，当时，公司交给她的主要工作是：协助生产车间提高产品质量、提高劳动生产率。受命后，她充分利用自己所学知识，始终以一个共产党员的标准严格要求自己，发挥所长，为公司的发展献策出力。

2009年，风云突变，一场气势浩荡的国际金融风暴卷到了中国，曹晓桃所在的公司也未能幸免。当时，宝山公司主要以粗铜加工为主，单一的产品本身对市场风险的应对能力就比较薄弱，加之这场罕见的风暴袭击，宝山公司面临着裁员、减员、停产、关闭等困境。公司面临危机存亡的关键时刻，200多人的生计问题受到空前的考验，大部分残疾职工将面临失业的危险。这时，虽然曹晓桃只是宝山公司的一名普通员工，但作为一名共产党员，她和公司的领导层一样，吃不香、睡不着。利用工作之余，曹晓桃通过网络了解国内外同行业的情况，查阅大量资料，利用自己在学校所学专业知识，细心研究对策，想方设法帮公司走出困境。

流火7月，酷暑难熬。曹晓桃克服怀孕五个月的不适，白天上班，晚上一个人窝在狭小的卧室里，查资料，想对策，一干就是几个通宵。饿了，她以方便面充饥；蚊子叮了，她索性将双脚浸在冷水桶里；困了，她用冷水洗把脸提提神。几个晚上下来，她瘦了好几斤。丈夫看着心痛流泪，她却满不在乎地说："没事，没事，肉会长的。"经过十多天的"闭门苦思"，曹晓桃大胆地向公司提出了自己的看法，力促公司调整产品结构、转型升级，狠抓内部管理，严格考核奖惩，向管理要效益。她还建议公司与上海一家大企业合作进行技术革新，引进铜精深加工，以铜线材加工为主。听取她的建议后，公司领导立即进行市场调查，经调研，该产品的确具有一定的市场竞争力，并有很强的抗风险能力。公司立马引进技术，购进设备，调整工艺，短时间内便投入生产，一举扭转了局势，使公司转危为安。从而使金融危机期间，宝山公司不但没有辞退一名员工，反而使经济效益上升了。

金融风暴过后，曹晓桃更是关心公司产品的转型升级，增强公司的抗风险能力。平时，曹晓桃特别留意铜材新产品面市等问题，她勤于走访周边同类企业，关心同行新工艺产品的生产。通过多层面、广泛调查，曹晓桃针对宝山公司粗铜产品结构单一的现状，大胆地向公司决策层建言献策，做老总们的思想工作，说服他们进行产品转型换代，促成了公司粗铜产品由单一转向为现在的多个品种，实现了铜线直径的精微拉、精细微拉。

2009 年，宝山公司铜线产品直径拉到 0.04 毫米，填补了江西省内同类产品的市场空白，为公司带来了可观的经济效益。宝山公司董事长张明仙不无感慨地说："小曹真是老板的好帮手。"

宝山公司自 2007 年至 2010 年，年销售额从 5 亿元递增至 19 亿余元，年缴纳税收 1 亿余元，目前公司资产总额近 4.5 亿元。2008 年宝山公司位列江西省 50 强企业第 44 位，公司连续四年荣获鹰潭市"纳税大户""纳税金奖"荣誉称号，连续三年荣获贵溪市委、市政府授予的"十强企业"殊荣（位列第一）。这之中也凝聚了曹晓桃的智慧和汗水。

真心表率，把车间当作自己的家庭一样来呵护。2006 年，曹晓桃孤身一人，从遥远的甘肃山村来到千里之外的贵溪，她怀着坚强的意志，暗暗下定决心要干一番事业，她克服着想念亲人的乡愁，直到 3 年后，她才第一次回家探亲。这种不言败、愿舍弃的精神感动了许多人。而曹晓桃却说："没有舍弃，哪来的收获？"

就这样，曹晓桃把人生中最美好的时光奉献给了第二故乡——贵溪，对此，她无怨无悔。在宝山公司，曹晓桃是出了名的车间"好管家"和工友的贴心人，可在家里，她却难得算一个好妻子好母亲。在公司领导的再三劝阻下，曹晓桃直到临产前的一个星期才休假。虽然在家休假，可她依然挂念着车间，每天，她最少要打三个电话了解车间的情况。女儿出生后，为了不影响工作，她将不足两个月的女儿狠心送到了甘肃老家，她怎能不懂得正在哺乳期的婴儿还需要母亲来照顾的道理？可车间也需要她啊。望着心爱的女儿，曹晓桃泪流满面心疼不已。从江西到甘肃，再从甘肃到江西，她来回长途颠簸着，去时，怀里抱着孩子不敢睡觉，怕在火车上有意外；来时，怀里空荡荡的睡不着觉，想孩子想车间。曹晓桃抹着眼泪，一下火车就直接赶到公司上班。如今女儿已经长大学会走路了，可她却没有回去看望过一次。夜深人静，一想到女儿，曹晓桃只有拿着女儿的照片，眼望甘肃的方向满含泪水……

2010年，对于宝山公司上引车间来说是不平凡的一年，也是经受住了考验的一年。这一年，车间生产任务重，人手短缺，每接收一批订单，交货的时间都紧，这给车间管理者提出了严峻的考验，也给车间职工心里压了一块大石头。年初，部分职工情绪不高，怕完不成生产任务，影响个人收入。面对这种形势，曹晓桃没有退缩，没有畏惧，她经常鼓励着工友们："上引车间就是我们的家庭，只有把家经营好了，我们才会有幸福可言。任务再重、货再多，我们都一定要拿下，不能退缩。"在曹晓桃的鼓励下，工友们的思想压力解决了，工作热情高涨了起来，不但圆满完成了交货任务，还比规定时间提前了三天。

为能按时按量完成生产任务，曹晓桃从来不等不靠，每次有工作，她总是主动带领大家一起想办法，一起干。她工作严谨、作风扎实，每天早出晚归，严格遵守车间的各项规章制度。

作为生产一线的女员工，曹晓桃既要克服工作中的各种难题和考验，又要克服来自家庭的压力与困难，她以坚韧不拔的精神经受住了超越性别的考验。她有一颗热情的心，只要同事有困难，她就会主动关心帮助，是全厂职工生活中的好姐妹。当他人有技术上的问题，她会毫无保留地耐心讲解，直至对方理解明白为止。在工作中，她从不计较个人得失。在做好本职工作的同时，曹晓桃积极利用业余时间学习更多新知识，为厂里节约了大量资金。面对成绩，她不骄不躁；面对荣誉与利益，她坦然淡定，不争不抢。

多年的务工，虽苦，但苦中有乐。冬去春来，她早已适应了清苦的生活。她的业绩得到了各级部门和群众的充分肯定，也赢得了高度赞誉。2011年，她被推选为贵溪市、鹰潭市和江西省三级党代表。2011年，她被全国总工会授予“全国五一劳动奖章”。

热心关爱，把工友当作自己的亲人一样来体贴。宝山公司是一家年青公司，成立于2007年，却是一个特殊群体，280名员工中就有80多人是残疾人。残疾人管理得好坏直接影响到企业的生产，影响到企业的和谐发展。从小就富有爱心、乐于助人的曹晓桃面对日日相处的众多残疾工友，他们的诸多不便让她日牵夜挂，她萌发了一个要为他们建立一个自己的组织的想法，给他们带来欢乐、带来便利。“初生牛犊不怕虎。”主意一拿定，曹晓桃便主动向公司提交成立残疾人协会申请。得到公司领导的大力支持后，曹晓桃就着手张罗起来，广泛宣传，吸纳广大残疾职工积极入会。2007年8月，协会正式成立，曹晓桃被推选为公司残协主席。曹晓桃对残疾工友们说：“我要让协会成为你们的家，你们就是我的亲人。”

为了让广大残疾职工把企业当成自己的家，融入这个大家庭，曹晓桃克服种种困难，积极与各级残联沟通协调，为残疾员工举办业务培训班，向企业申请为残疾员工建立工疗康复站，并在公司内建设各种无障碍防护设施。目前，公司为残疾职工配置价值10万余元的各种康复器材。残疾人协会的成立和曹晓桃的热情关心激发了广大残疾职工的工作激情。残疾职工张怀明是一位失去右臂、40多岁的肢残员工，家庭生活十分困难，他曾一度心生自卑。在曹晓桃多次热心开导下，张怀明终于放下了心中的压力，开始燃起生活的激情，成为一名公司巡视员。他不分日夜工作，就连节假日都不休息。他的勤劳使他成为公司的“优秀员工”“劳动模范”。在张怀明的影响下，公司其他员工也忘我工作了。

作为残疾人协会主席的曹晓桃，出门总爱关注街头的一些残疾人。2008年8月，曹晓桃在一次周末上街购物路上看到雨中一个身材矮小的残疾妇女正吃力地蹬一辆三轮车，车上拉着满满一车煤球。曹晓桃立即跳下公交车帮她推车。曹晓桃边推边与她拉起家常，得知她叫江根香，10年前与丈夫（残疾人）双双下岗，家中有一个80岁的老母亲，一个刚拿到大学录取通知书却发愁没钱交学费的女儿，一个正在上初中的小女儿。江根香家主要靠两夫妻帮人送煤球和送牛奶的微薄收入维持。曹晓桃回到公司后立即以残协主席的身份向公司领导报告，并极力建议公司招江根香夫妇进公司工作。第二天，曹晓桃领着江根香夫妇到公司上班。一个月后，江根香女儿的大学梦也圆了。

为了让残疾员工在退休后生活能有保障，曹晓桃与公司协商争取为残疾员工购买社会养老保险。自 2007 年起，宝山公司为公司所有残疾职工全额缴纳了各种社会保险。2007 年 10 月，宝山公司成立了工会，曹晓桃被选举为工会副主席，她对员工的业余生活给予了体贴入微的关怀。在她的建议下，宝山公司不仅开办了职工书屋、职工娱乐室、公共电视厅、残疾职工工疗康复室，建了篮球场、羽毛球场，还专门为双职工提供夫妻房间，并为每间职工宿舍安装了空调、闭路电视和网络。工资集体协商一直是个困惑私企和员工的“老大难”问题，企业不愿谈、员工不敢谈，目前在全国范围内都很少有成功的案例。经过三年漫长的持续协商，曹晓桃终于为工友们争取到了这项权利。她的这种做法得到了各级工会的大力支持，并被宣传倡导作为所有工会组织学习的榜样。她大胆创新在企业开展“企务公开、民主管理”活动，在私营企业里开辟了一个新的课题，她的这种探索取得了“双赢”效果。宝山公司工会也被树立为鹰潭地区乃至全国总工会学习的典范。一个年轻的“小主席”想到了他人不敢想的事，做成了他人不能做的事。

曹晓桃总是为工友们想得多，却从不给自己争取一点好处。曹晓桃的热心、善心、耐心赢得了广大残疾职工的一致好评，广大残疾职工早已把她当成了自己的亲人和朋友。用残疾工友的话说：“是小曹的关心和帮助，让我们生活重现阳光，感受了大家庭的温馨。她是我们的好姐妹。”

2009 年以来，曹晓桃倡导组建的残疾人协会由于在保障残疾人权益方面取得了优异成绩，公司先后被授予“江西省扶残助残爱心企业”“江西省模范劳动关系和谐企业”，被国务院授予“残疾人之家”。她个人也因此荣幸出席了在北京举行的全国第四届自强模范与扶残助残表彰大会，并受到了胡锦涛、温家宝、李长春、习近平等党和国家领导人的亲切接见。

平时爱说爱笑、性格开朗的曹晓桃最喜欢用一句歌词来激励自己——爱拼才会赢。6 年来，这位来自西北“80 后”的一名共产党员，正是凭着这个信念，在贵溪这块创业热土上挥洒着汗水，奉献着青春与热血。从她的身上，我们能够真切地感受到，“80 后”不仅有勤于钻研、乐于奉献的高尚品质，还透着能吃苦耐劳、顽强拼搏的可贵精神。曹晓桃是兰州石化学院的一名优秀毕业生，这个学院有着近 60 年办学历史，著名的“铁人”王进喜是学院的杰出校友，曹晓桃传承着这个国家首批 28 所示范性高职院校的独特文化，吃苦敬业，最终怀着对工作的激情和热爱，成为无数在贵溪实现人生梦想的共产党员的优秀代表。

庆化追梦人

缪希平是中国石油天然气集团公司高级技术专家，庆阳石化公司设计室主任，高级工程师，庆阳市领军人才，庆阳市化工学会副理事长，也是兰州石化学院和陇东学院兼职教授。他先后荣获甘肃省“五一劳动奖章”中国石油天然气股份有限公司“重点项目建设先进个人”，“总经理特别奖”“优秀科技工作者”“优秀共产党员”等荣誉称号。荣获部级科研成果两项，省级科研成果两项，并多次荣获公司科技成果奖励，发表学术论文30多篇，取得国家发明专利2项，新型实用专利6项。

缪希平是学院基本有机化工合成工艺专业875班优秀毕业生。在校期间，他刻苦学习，勤于思考。工作后，缪希平多次参与并主持中国石油庆阳石化公司的多项重大技改扩建工程，参加了庆化公司“八五”“九五”“十五”“十一五”“十二五”规划的编制等工作。他负责的庆阳石化以炼油为主的“二次创业”新建装置试车与投产工作均取得一次成功，受到时任甘肃省委书记阎海旺同志的接见与慰问。负责设计管理的庆化300万吨炼油搬迁改造项目荣获中国石油优质工程金奖和国家优质工程奖。他刻苦钻研技术业务，勇于实践，不怕艰难辛苦，大胆创新，系统学习并掌握了从设计、施工到投产全过程的理论与实践等综合知识和工作技能。他的成功，是学院长期以来坚持注重培养学生的学习能力、实践能力、创新能力、就业能力和创业能力的具体体现，也是学院坚持“遵循规律，追求特色，产教结合，突出技能，适应市场”的全新办学理念的最好诠释。

2010 年 10 月 19 日，《甘肃日报》在第二版刊登了缪希平事迹的长篇报道，引起了很大的轰动。他如今又如何呢？我再次回到庆阳，近距离地了解他。走近他，我被他的奋斗历程所感动！

我的家乡在庆阳。庆阳又称凤凰城，相传古人割断“龙脉”，凤凰折翅揠旗，一没千年。20 世纪 30 年代，革命前辈刘志丹、谢子长、习仲勋在这里播撒革命火种，创建了南梁陕甘苏维埃根据地。庆阳是红军长征的落脚点，是抗日战争的出发点，也是二次国内革命战争时期硕果仅存的地方。“两点一存”是庆阳对中国革命的重大贡献。

庆阳人倔强，庆阳人有性格，庆阳人更有梦想！

庆阳石化公司（简称庆化）乘着改革开放的机遇，把一个濒临倒闭的小化工厂发展成庆阳老区的工业支柱企业，甘肃省第四利税大户，中国石油炼化企业第二位，对中国石油和庆阳老区的工农业生产发展起着举足轻重的作用，被人们誉为“陇原明珠”，大山里飞出的“金凤凰”。

庆化是长庆油田开发时，国家为了支援庆阳老区的工农业建设，投资兴建的一家地方小型石化企业，1971 年建厂，以生产化肥硝酸铵与发电为主。由于建厂环境艰苦，工业基础薄弱，很难留住人才。但是，缪希平在这里扎根创业 32 年，终于凤凰涅磐，功成庆化。

大家说，缪希平是条不畏困难的硬汉子，是庆化的追梦人。缪希平说，老区好汉多，庆阳人脊梁硬，都能吃苦。追溯他的成长，让我肃然起敬。

选择坚守，心怀梦想。1983 年 8 月，20 岁的缪希平从兰州中专毕业分配到庆阳石油化工厂上班。刚进厂，看到的是锅炉烧坏、电站停产、化肥停车、工人放假，工厂破破烂烂，人们生活在一个环境非常艰苦、相对闭塞的庆阳县马岭川韩家湾村。同期分配到厂有 9 名大中专生，“有关系”的人很快就调走了，是留是走，很是矛盾。这个时期，当时的厂领导就给留下的几个人耐心谈话，讲石油化工与国民经济的关系，讲庆化的发展前景，讲庆化对专业技术人员的渴望。他中专是学土木工程建筑专业，是有理由调走的，但企业的需要，就是他的选择。对于恢复高考制度后首批分配到庆化的这位年轻人，他没有逃避，而是选择坚守，是心怀梦想，选择了庆化。他暗下决心一定要用自己所学的知识，解决生产技术方面的实际问题，为改变庆化面貌奉献力量。1984 年在兰化职大学习基本有机化工工艺专业，1987 年大专毕业，并坚持在职学习，又取得了大学学历。他参加了庆化常减压蒸馏装置改造，重整催化裂化装置建设。通过虚心学习与工程实践，掌握了石油化工工艺安装、施工管理和质检技能。他也多次荣获厂部奖励，其中负责 2# 常压装置改造的事迹，1991 年刊登在甘肃人民出版社出版的报告文学集《艰难的跨越》中。1991 年通过了甘肃省石化系统首届化工工程师考试，并被聘任为化工工艺工程师。1992 年任炼油改造办公室技术组组长，两年后担任生产技术科科长，负责了庆化以炼油为主的“二次创业”建设项目，全部项目均实现了一次成功投产。其中 50 万吨/年常减压蒸馏装置建设项目荣获“1994 年甘肃省重点工程建设项目优质工程奖”。缪希平被评为先进个人，受到时任甘肃省委书记的接见。

历经磨难，小试牛耳。1996 年他担任庆化公司生产机动处副处长，负责了全公司生产调度和生产技术管理工作，完善修订生产管理、技术管理制度。公司生产调度室首次被评为“甘肃省石化行业先进集体”，他被评为“优秀工程师”，被化工部行业指导司授予“全国化工系统优秀科技工作者”，1997 年被聘为公司科技进步委员会委员，2000 年被聘任为公司主任工程师。负责了公司多元经济发展战略研究与技术改造项目的实施，围绕生产装置进行的各种大型和小型改造，均主持、组织编制了实施方案，绘制、设计了施工图纸，使装置改造全部取得成功。主持并参与完成了 5 套装置的建设改造任务，57 项小型技措项目的技术革新改造。完成了 150 万吨/年炼油改造工程设计工作以及氧气厂、加油站的设计、施工、投产等多项任务。在技改项目中推广应用多项新技术，为提升装置技术水平，改善经济技术指标起到了关键作用。他积极采用“兰石研究所纤维液膜脱硫”专利技术，使液化气精制流程简化，碱耗降低50%，并省去胺洗工序，精制成本由约12.3元下降到约7.8元；聚丙烯装置采用高效聚合釜对装置进行改造，生产能力比传统釜提高30%以上，降低了投资成本，聚丙烯生产采用专有控制技术，使单釜出料时间缩短，提高了生产效率；率先选用高效立体传质塔盘，使常压蒸馏、催化裂化、聚丙烯装置的加工能力提高100%—200%，节省投资近800万元，产品收率提高了4%。采用直馏汽油异构化工艺、芳构化改质、催化轻质汽油、醚化工艺为小炼厂提前达到欧Ⅲ标准开了先河。由于庆阳石化是个小厂，20世纪末，随着亚洲金融危机的影响，企业发展是举步维艰，困难重重。作为战略研究的缪希平，为企业多元经济的发展做了最大的努力，开发设计加油站、氧气站、精细化工产品等。

多年的繁重技术工作，使缪希平患上了胆囊炎、胆结石和严重的腰椎间盘突出疾病，有时痛得厉害就吃点随身带的药，即使这样他仍然坚守在技术一线，没有退却。2004年4月25日，中国石油集团公司调整了庆阳石化公司领导班子，庆化进入了跨跃式发展阶段，全体员工都倍加珍惜机遇，以“5+2”“白加黑”精神全力拼搏，缪希平更是进入到忘我的工作状态。由于超负荷工作，2004年6月17日在西安参加催化裂化装置三机组改造设计审查会时，突发腰椎间盘椎管破裂，瘫痪在现场。与会人员积极组织急救，送到西京医院进行了第一次手术，2006年4月2日又进行了第二次手术，两次手术使他的身体严重透支，但缪希平仍然以一种豪迈的姿态，感恩的心，乐观地面对工作。缪希平在第二次手术时接受了腰椎间盘内固定支架手术，这次手术整整做了8个小时。但在术后不到70天，他又回到了工作岗位。俗话说：伤筋动骨100天。可缪希平是在腰椎打着钛合金固定支架，手术后不到70天的情况下又返回到工作岗位，为此好多人称赞缪希平真是“硬汉子”，也有人说他不要命了。的确，他拿出了不要命的精神，以常人难以承受的勇气，一边同疾病做斗争，一边与工程项目较劲。他勇敢地承担了酸性水汽提装置项目建设负责人的重担，全面推进项目建设。在他的精心组织下，该项目创新设计，取消了焚烧后的尾气排放专用烟囱，采用空气直接混兑冷却降温后与催化烟气混合，利用催化烟囱排放，大大稀释了排放烟气中的二氧化硫浓度，成功地解决了酸性气排空对环境造成的污染问题，降低工程投资100多万元，项目按期建成投产，荣获公司科技创新成果一等奖。

在搬迁改造项目紧张施工期间，为了保证完成年初确定的生产指标，2008年5月，公司决定利用大检修的时机，对老厂催化裂化装置吸收稳定系统进行技术改造。对老装置改造升级，设计单位的方案是吸收稳定系统四塔全部更换，主张塔体和塔内件一并更新。但作为在运行装置，这样一来，就得停产两三个月。在这抢时上产的节骨眼上，时间耽搁不起。还有没有更便捷的办法？公司管理层一时难以决策。作为公司技术专家的缪希平提出，只改造塔内件，不更换外部的塔体。请来的设计专家不同意，说这太冒险；缪希平坚持说，这样做节省时间，节约成本。两种意见一时对峙起来，为此，公司总经理张栋杰先后两次召开总经理办公会议研究。“你的方案有没有可靠的技术支撑?”面对提问，缪希平自信地说：“这套装置的运行状况我清楚。”张栋杰仍不放心，直接追问他：“到底能不能?”

回想起那一幕，缪希平说：“我一直忘不了张总那焦虑的眼神，那眼神能直逼人的内心深处。”原本心里有底的他也犯虚了：是不是自己太轻率了？冷静下来后，深谙装置运行状况的他依然坚持己见。

缪希平认为，在炼油化工领域，技术上的问题吃不透，任何决策都等于冒险。顶着压力和请来的设计专家的质疑，他们把技术层面的任何可能都做了详细的预案，在改造中，技术组的人员直接跟到施工环节，排查问题，稳步推进。最终，在规定的检修期内，如期完成了装置改造，顺利投产，并成功实现了预期目的。这个方案，比设计单位要求的省时一个半月，节省开支400多万元。

百年基业，设计为先。为了加快300万吨炼油搬迁改造项目建设步伐，中国石油集团公司领导提出“设计工作甲方要操刀上阵”，2008年，公司技术专家、高级工程师缪希平被任命为设计总协调，负责项目设计管理工作。

作为项目总协调，他深知设计工作要精雕细凿，出精品；又要严格把关，堵漏洞。设计工作是项目建设的“第一关口”，人人“操刀上阵”，个个要“万夫当关”。总协调就是要统揽技术全局，始终保持科技创新的敏锐度，锁定目标，把握进度，明确理念，坚持原则，科学定位。他代表公司与设计单位密切联系，制定设计统一规定，协调设计界面，参加项目设计、督促进度，随时解决出现的各种问题，有力地保证了设计进度按计划推进。多次组织召开百人以上大型设计协调会、技术对接会，邀请专家、学者开展技术交流，组织各专业技术人员进行了上千人次技术澄清和设计对接，让设计人员充分理解庆阳石化公司要求，把建设单位对设计工作的合理化建议得到完全落实。他重视设计过程管理，在设计中重点对主体工艺装置、单项工程的设计能力进行研究，强化型技术的工业化、工程化研究，加深对专利商工艺包的理解，提高项目设计整体优化的能力。通过研究比选，采纳收集应用四新技术100多项，调整总平面20多版次。为完成任务他长期驻守设计单位，几个月才回一次家。中国石油华东设计院的李院长称他为“华东院的名誉院士”，大连设计院的周院长称他为“大连院的名誉院士”，同事们说：缪总，祖国处处是你家。同时，他负责项目设计计划、设计界面、设计单元划分编制，整理了项目设计所需要的所有基础数据，对设计所采用的标准、规范进行了确认；他协助公司领导组织进行了项目设计各个阶段的审查、报批工作，完成了300万吨炼油搬迁改造项目79个单元，15个专业近4万套图纸、100多万张图纸的审查工作。他作为公司技术专家对“四新”技术的引进进行把关，组织进行了设计技术方案优化，使总图布置、总流程和主要经济技术指标突显特色。他办事坚持原则，重视质量，坚持施工图会审制度，使图纸审查率 100%，问题整改率100%。他重视设计变更与现场技术服务管理工作，设计变更引起的投资增加约占总投资的 0.5%，圆满地控制了工程投资。他及时协调设计代表到现场进行设计交底和技术服务，先后邀请或要求有关专家、设计人员近千人次到现场，为项目建设提供了强有力的技术支持。他负责了各装置、各单元的操作规程、开工方案技术审核，确认开工条件，完成了开工准备和中国石油炼化板块检查验收中的技术工作，得到了上级验收组领导的高度评价和认可。成功地处理了“设计与四新技术应用、设计与设备制造、设计与建筑安装施工、设计与环保、设计与生产、设计与效益”等六大关系。以“超常规、满负荷、严管理、高效率、创造性”的工作方法，积极组织设计工作，为项目建设提供了强有力的技术保障。他以“技术集成化、设计人性化、控制自动化、环境花园化、配套系统化”的建设理念，大力引进、消化、吸收同行业先进、成熟技术，不断进行技术比选和设计优化工作。对国内 10 多家知名大学和国内 30 多家炼化企业、20 多家科研院所进行了全方位的调研、学习，采众家之长，为我所用。同时，引进 UOP、AXENS 公司专利专有技术和工艺包，以打造“国内一流、精品炼厂”的建设理念，全方位开展项目建设工作。他注重过程管理，在设计中重点对主体工艺装置、单项工程的设计能力和专利商工艺包进行研究，强化新技术的工艺化、工程化，保证了项目设计整体优化能力的提高。依据工程建设经验，尊重规律，解决了 18 家设计单位的设计界面、边界设计条件等复杂问题。为了做好设计管理工作，缪希平积极参加美国项目管理协会在中国石油举办的“PMP”项目管理培训班，拜访中国科学院院士陈俊武，工程院院士胡永康、袁婧棠以及国家设计大师、催化裂化资深专家郝郗仁，重整装置资深专家罗家弼，中国石油大学校长山红红教授等国内知名炼油专家，向专家请教、咨询有关技术。

该项目投产运行以来，实践证明设计先进、质量可靠、安全平稳、效益优良，获得中国石油集团和石化行业的高度赞扬和肯定，项目荣获中国石油工程建设协会优质工程金奖，国家优质工程奖。他本人参加项目设计，获得省部级优秀设计奖 4 项、厅局级优秀设计 6 项。庆化公司吨油利润和企业效益连续四年名列中国石油前三位。庆化公司 2014 年盈利水平跃升为中国石油炼化企业第二位，燃料型炼厂第一位。

心怀使命，不断追求。庆化 300 万吨生产装置投运以来，缪希平同志肩负数职，工作更加繁重，先后完成项目开发、学术交流、项目验收及后评价；同时做了大量节能、环保、减排等技措项目。采用固定床无碱航煤精制组合工艺，开发了非临氢航煤产品，成为效益提升新的增长点，形成了庆化公司的特色技术。积极应用新技术，建成中国石油第一套全流程催化汽油选择性加氢脱硫技术工业化应用装置，2014 年 11 月通过中国石油集团公司项目验收。完成催化裂化装置烟气脱硫脱硝项目工艺技术工作，促进环保达标，项目成为同期实施的 WGS 项目群中的标杆。负责公司 600 万吨炼油升级改造项目设计技术工作，组织开展了项目技术调研、项目预可研、可研、项目环评编制、论证、专家评估等项目前期，项目预可研通过集团公司审查，项目通过国家发改委“路条”，项目土地储备到位，项目前期 75 项专题完成 70%。负责“国 V 清洁汽油调和组分长周期生产工业试验、原油不明黑色悬浮物固体颗粒去除方法研究、催化裂化汽油原位脱硫剂的工业应用试验、聚丙烯新产品开发”等科技开发项目，立项通过，并研发出 T30S、QH03F、C30G、T30S-1 四种型号聚丙烯新产品。开展“液化气深度脱硫”工业试验，去年投运后，液化气脱后总硫 30μg/g，MTBE 中硫含量为 15-20μg/g，工业化试验运行良好。积极与设计研究单位合作开发的中国石油连续重整工业化成套技术，已经列入中国石油集团公司重大科技专项之中。承担实施了国Ⅳ柴油与国 V 汽柴油生产调合优化项目，开展了从生产、调合、储存到销售等环节详细方案的制定，油品小调试验，系统置换及项目组织实施，满足了周边区域汽油产品质量升级的需要，稳固庆化在陕西市场的地位。改造催化余热锅炉，停用蒸汽过热炉，节约燃料气，降低全厂能耗；增设重整“四合一炉”省煤器，使排烟温度显著降低，热效率提高近两个百分点；实施全厂凝结水及低温热系统改造，实现蒸汽梯级利用，每小时多回收凝结水 35 吨；优化装置热联合，减少工艺物料冷却和重复加热耗能，降低全厂能耗 2.16KgEo/吨；增加重整抽余油并入拔头油流程，使 97# 汽油生产调和手段更加灵活，生产能力从每年12万吨增加到 24 万吨。在公司科技创新、产品质量升级技术发展中，发挥技术专家的带头作用，把提高技术水平贯穿到工作的始终。在工作中坚持求真务实，始终把提高公司技术水平和创新能力作为第一要务来抓。坚持严于律己，奉行“为政在廉，做人在诚，办事在信”的信念，做到言行一致，以强烈的责任心和使命感忠实履行职责。正是他的执着，才使他成为百万石油大军中的佼佼者，中国石油集团公司高级技术专家。缪希平，为庆化增光添彩，也为母校赢得了光荣和骄傲。

大美庆阳，放飞梦想。庆阳是中国农耕文化发祥地，这里历史厚重，物产丰富，石油、煤炭开发前景广阔，是我国目前最大的油田——长庆油田的主产区，是国家级能源化工基地。庆阳将建设“石油石化两个千亿元产业链”，宏图令世人瞩目，引无数有志者纷至沓来。“千万里江山千万条汉，人人都爱夸家园。庆阳的山来庆阳的水，庆阳儿女有志气。”故有岐伯、李梦阳，今有“老区精神”的庆阳人，他们心怀梦想，为庆阳老区经济的腾飞挥汗如雨，辛苦劳作。庆化 300 万吨炼油的辉煌业绩已成为历史，600 万吨炼油升级改造的号角已吹响，帷幕已拉开。缪希平，中国石油集团高级专家、庆阳市领军人才、庆阳市化工学会副理事长，庆化 600 万吨炼油升级改造工程设计部主任，一马当先，继续奔波在他熟悉的岗位，继续圆着他心中的梦，继续耕耘成功，志在追梦。要想干出一番事业，总要付出过人的心血和汗水，缪希平同志凭着对事业的执着追求和敬业精神，以他的实际行动在自己平凡的工作岗位上，创造了不平凡的业绩，实现了自己的人生价值，无怨无悔地把自己的青春、智慧和力量献给了庆化，为中国石油打造“综合性国际能源公司”的事业做出了自己的贡献。在结束采访时，我看到发表在《庆化通信》厂庆专刊的一首他的作品，这也许正是他心结的表达。

追　梦

——庆化建厂43周年有感

缪希平

黄土高原蕴育着亘古不变的誓言
周祖遗风轮回着春秋灵气的锦绣
在陇东董志塬上耕耘的庆化人
——继传着夸父般睿智的精神
——开拓着并实现着一个又一个瑰丽的梦
走过残冬
走进青春
走进你——庆阳石化
我不再感受大山深处
走进你——庆阳石化
我不再感受朦胧如梦
走进你啊——豪情蓬勃的庆化
四十三年的春秋轮回弹指而过
四十三年的辛酸汗水铸就今天的辉煌
在这个硕果累累的季节
使我激情万千
就让我以这一行行饱蘸真情之言合着这颗无垠的心
来赞美你的魄力和成功

——留住喜悦
——品味圆梦的芬芳
流逝的往昔
——你已经走过
没有躇步鲜花的清香
没有凝惧荆棘的阻挡
爱国创业忠诚奉献
——是你永远的信念
做精做特做优做强
——是你不变的追求
精品炼厂
国内一流
——是你的梦想
庆阳石化
——四十三年的奋斗和磨难
——四十三年的艰苦创业
三百万吨炼油工程
——国家优质工程
中国石油金奖
知难而进的庆化人啊
——让我怎么不为你激动
当我走向你的时候
我原想获得一缕春风
你却给了我整个春天
任重道远的庆化人啊
——让我怎么不为你豪迈

我原想摘一朵山丹花
你却给了我整个花的海洋
岁月易逝
真情亘古
终于
你没有辜负青春年华
虽然三百万吨
你依然享誉陇原
傲立中国石油
如旭日东升
似天边彩虹
坚信
三百万吨辉煌
六百万吨更辉煌
坚信
明天的丰碑上将有你的铭名
一代又一代的庆化人
决策未来
耕耘成功
就让我心灵孕育的种子
虔诚地撒播在你傲岸的胸襟
——长成参天大树
——长成一片亮丽的风景
为了梦
追逐梦
实现梦

亿元量身价

田继生，甘肃通渭人。高级工程师。1980 年 9 月至 1982 年 7 月在学院有机化工专业学习。毕业后分配到甘肃省盐化总厂工作，历任甘肃盐化总厂技术员、工程师、车间主任，1992 年 9 月至 1999 年 12 月任青铜峡树脂厂副厂长，2000 年 1 月至 2002 年 12 月任宁夏金昱元氯碱化工有限公司总经理，2002 年 5 月任宁夏西部聚氯乙烯有限公司董事长，宁夏英力特化工股份有限公司副总经理、总经理、董事长。2010 年被内蒙古亿利能源股份有限公司高薪（年薪 200 万元，一次性支付五年；北京市 300 平方米精装修住房；供职公司 1%的干股/年，约 150 万元）聘为董事会董事，总经理。

2000 年，时任宁夏金昱元氯碱公司总经理的田继生，租赁破产的石嘴山电化厂从事氯碱生产。不到一年时间，石嘴山电化厂起死回生，2000 年企业利润、税收双双突破 1000 万元。2002 年，身为石嘴山氯碱厂总经理的田继生，充分发挥自己化工专业方面的特长，成功地引进上海华谊集团与石嘴山市合作，成立了西部聚氯乙烯公司。该项目一期总投资达 9 亿元，2005 年 5 月正式投入生产，项目全部完成总投资 65 亿元。国电英力特化工是国内氯碱企业“领头羊”，是国内一体化程度最高的氯碱企业之一，具有从自办电厂到电石法生产 PVC 的完整产业链。是全国建厂最早、技术最先进、运行最好的采用电石法生产 PVC 的企业。田继生被石嘴山市政府誉为引智引才史上一个最为成功的范例，也是全市的骄傲。鉴于田继生在所从事的行业及为地方经济建设所做的巨大贡献，2003 年石嘴山市特别奖励他 50 万元，2004 年奖励 20 万元，2005 年和 2006 年又分别奖励 50 万元，并授予优秀共产党员、民族团结先进个人、劳动模范、十大杰出青年、优秀企业家、功勋企业家、科学技术突出贡献奖等荣誉称号。

数据换承诺

“用数据说话，让责任丰满。纵然那双纤手已被岁月刻画出痕迹，纵然那双巧手已获得荣誉无数，但她依然无怨无悔地将青春洒满分析岗位，继续描绘着属于自己的那一抹检验人生。”这是广州石化“第二届企业文化之星”评选委员会给检验中心高级分析技师丁玫的颁奖词。

“不管谁来重新检验，结果都一样。不合格数据从来没有翻盘的机会!”丁玫信任自己这个团队的技术与担当，分析零差错是她们十几年来一直保持的成绩。

丁玫是学院杰出校友，94 届工业分析专业毕业生。现任中国石化广州石化公司检验中心仪化班班长、高级分析师。在校期间，她勤奋好学，努力钻研，这为她的专业知识打下了坚实的基础。1994 年 7 月，他从学院毕业分配到中国石化广州石化公司工作，当时，只有中专学历的她不甘人后，虚心请教，从一名不起眼的普通女工成长为中石化技术能手。在分析化验这个岗位上，作为一名技术过硬的骨干，她用手中的技术折服各路专家评委；作为班组的领头人，她将班组变成自己的“责任田”，悉心培育出一个又一个青工骨干；作为一名有一定国学造诣的女子，她把文化和热情融入枯燥的化验岗位。她用自己柔弱的肩膀把着企业产品质量分析数据关。可以说，她是分析化验部门对企业、对员工、对社会“为民服务创先争优”的一面旗帜。

瘦小而不善言辞的她拥有一双特别的手，这双手虽纤细而柔弱，却不失灵巧与严谨。正是这双手把握着化工区 100 多个原料的分析数据，牢牢掌控出厂质量关，也是这双手击败各路好手。一路走来，她曾荣获2000 年广州石化总厂“青年岗位能手”、2002 年中石化集团公司“青年岗位能手”、2003 年广州石化“岗位女能手”、2005 年“广州市职工技术能手”、2006 年广东省直属机关优秀共产党员、2008—2009 年度“广州石化劳动模范”、2010 年“中央企业先进职工”、2013 年广州石化第二届“企业文化之星”、2013 年中国石化化工分析工职业技能大赛冠军等荣誉称号。

爬火车采样。1994 年，工业分析专业的丁玫毕业了。她梦想着自己身穿白大褂，在舒适的实验室里，观测仪器上原材料的变化，分析和录入数据。这是她对未来工作的猜想，轻松、舒适而优雅。可实际工作后却与原来的设想大相径庭，既没有穿白大褂，反而还得爬火车、上渡轮，还要背着 10 来斤重的器材爬上爬下，就这样的岗位她这一干就是二十年。由于分析工作的特殊性，丁玫原来所在的仪化班只有一位男同志，不可能每一次重的活都让男同事去做。班上的女同事们经过磨练，基本上都能独当一面了。上火车采样要爬一段近 3 米高的直梯，光溜溜的直梯，瘦削的她爬着就很费劲，再加上背着的器材，她的力气就有点不够用了，此时，另一女同事在身后帮忙托着她身上的器材，一托一拉，俩人就爬上去了。样品带回实验室后，她和同事还得接着一一化验。四五个小时左右，化验数据出来了，分析、核实材料合格与否，她和同事手中的这些数据，就是唯一的标准。如果不合格，得要重新采样，再化验分析，再一次求索数据，对于每一次的检验，丁玫和同事都非常谨慎，因为她们知道：哪怕一丁点的失误，都会带来不可估量的损失。

分析零差错。“真的假不了，假的真不了！”丁玫拥有这份从容与自信是源于对待工作的认真和执着，她把每个分析细节都当成提高技术水平的磨刀石。

一次，广州石化外购一批丁烯–1原料。分析检验的结果是：水含量超标。得知分析结果的供货方却不相信自己的产品出现质量问题，要求重新检验。每当遇到材料检验不合格，她们首先会反复检验，核实自己的数据，这是她们分析人员的工作作风，发现问题先从自身找起，确保每一个数据的精准。这一次，身为技师的她又是第一个站了出来。供货方派出总工程师、化验室领导和技术人员组成的质量调查组到现场进行调查。从分析准备开始，到采样、分析和数据处理，质量调查组全程跟踪。在众人的严密监督下，丁玫很冷静。“每一个数据都是承诺。”这是丁玫和她的团队一直践行的标准。经过采样、分析和数据处理，每一个步骤，她都按照相关规定严格操作，众人也看得清清楚楚。终于，检验结果出来了，数据再一次显示：水含量超标。供货方信服了，并向丁玫竖起了大拇指。

营造“家”文化。回到家，丁玫也常惦记着工作。家里的抽油烟机被她称为“通风橱”（实验室通风设备），家用电器也经常被她叫成实验仪器。由于工作的特殊性，她往往在回家的半路上被召回。情况紧急时，她只能将自行车放到半路的车站保管，坐上车就往厂里赶。对于孩子，她心里愧疚得很：“今天，又得让孩子放学后在学校多待一会了。”没办法，生产是24小时的流水线，她们得随时待命。维护保养仪器设备，也是她们的工作范畴，她把仪化班的仪器设备总是擦得光洁明净，使仪器运作状况很好。如果仪器出现故障或者在分析过程中出现问题时，丁玫总是想办法去独立解决，即使自己不能解决，她也积极参与和他人一起解决。中国石化报的一个记者这样评价她：“丁玫爱护仪器设备，就像呵护自己的孩子一样。”工作虽然繁重，但在工作之余，丁玫非常注重团队“家”文化的建设，休假的时候，她总是邀请团队成员带上孩子和家人一起聚餐、旅游，热闹非凡。有组员病了，其他人抢着帮忙值班；出去干活晚回来的人，总能吃上其他人准备好的热腾腾的饭菜；下班了，哪家顾不上孩子，空闲的同事总是帮忙看管一下。时间长了，同事的孩子也都“称兄道弟”的，甚至衣服也能“传承”着穿。这个班，就像一个家。

每个人的成长道路或许无法复制，但是一个成功者身上总有那么一些闪光点值得人们去借鉴。闪光点可以是她持之以恒的努力，也可以是她善于钻研的巧劲，还可以使她找到了适合自己成长的沃土。20 年与数据打交道的丁玫，没有厌倦，更没有后悔，她用出色的工作业绩，诠释了人生的精彩，她用勤奋的工作，赢得了荣光，她是母校金色的名片。

细沙聚成丘

彭远嘱，2010年中油股份公司加热炉技能大赛金牌获得者，现为中国石油兰州石化分公司员工。参加工作五年来，他刻苦勤奋，甘于奉献，勤于钻研，善于合作，在平凡的岗位上做出了不凡的业绩。他认真负责的工作态度、过硬的业务素质、热情主动的服务精神，赢得了各级领导和同志们的一致好评，是一个领导放心、同事尊敬的好员工。

学院的好学生。彭远嘱是学院石油化学工程系化学工程与工艺专业学生，2005年7月毕业后，进入中国石油兰州石油化工厂乙烯联合车间工作。在校期间品学兼优，各科成绩综合排名第一，并顺利通过了大学英语四级、计算机二级考试，曾获学院一等奖学金、“三好学生”和业余党校“优秀学员”等荣誉称号。同时，他积极加入学生会，锻炼自己的综合素质，并积极向党组织靠拢，课余努力参加勤工俭学，减轻家里负担，利用双休日做家教。在校学习的三年中，他每天坚持六点起床背英语，然后跑步锻炼身体，认真上好每一节课。在备考英语四级的时候，他放弃了午休，每天中午坚持做一套模拟试卷，晚上熄灯后在楼道里背单词。那段时间，英语书就没有离过他的身。虽然很累很辛苦，但他知道最艰难的时候就是离胜利最近的时刻。如果停下脚步，他的梦想将无法实现。终于，功夫不负有心人，彭远嘱的目标一个个实现了。也正是这三年的风风雨雨，点点滴滴，造就了他无所畏惧的勇气，使他在任何时刻，面对各种挑战，承受诸多苦难的时候，都能坚定地告诉自己："打不倒我的，只会使我更坚强!"

企业的好员工。2006年5月，彭远嘱当选为石化厂乙烯联合车间团支部支委。作为一名团干，他工作作风扎实，任劳任怨，团结班子成员认真完成上级团组织布置的工作任务，积极讨论制定支部的各项工作计划，善于创造性地开展工作。无论是在工作上还是生活上都严格要求自己，起到了模范带头作用。他有过硬的政治素质。他先后组织参与了车间岗位流程图竞赛、安全知识竞赛、卡拉OK大赛、体育竞赛，成立了大检修青年突击队、青年志愿小组等，工作业绩显著，在积极探索青年思想政治工作和团建工作的新思路、新方法中做出了一定的贡献，被厂里评为2006年度、2007年度"优秀团干"，2008年度"优秀团员"，2009年度"优秀青工"。

化工行业工艺流程复杂、技术难度高，特别是乙烯装置，具有高压低温、易燃易爆的特点，最低温度可达到-170度。他认真履行岗位职责，工作态度严谨，操作技能出色，处理重大事故快速准确，善于从工作实践中发现问题，解决问题，总结经验。他优化操作，减少了脱甲烷塔塔顶高压甲烷中的乙烯损失，使乙烯收率增加了近1个百分点；解决了碳二加氢乙烷增量长期偏高的难题；摸索出降低乙烯精馏塔塔釜乙烯损失的技能，使班产乙烯平均增加近10吨；针对新版操作规程中的不合理项目提出整改措施十余条；提出裂解岗位原料的好坏、裂解深度、分离岗位的损失对乙烯产量和能耗物耗的影响程度，分离调整的好坏对制冷系统的影响以及其相辅相成的关系等多条合理化建议并被采纳。

刚进厂时，彭远嘱被分配到车间最难的分离岗位学内操，他深知自己肩负的重任，并给自己增加了难度，制定了严格的学习计划：三个月内学会室内和室外并独立顶岗，而一般刚进厂员工要花一年的时间才能学会一个岗位。虽然内操不用去爬管线、跑流程，但是由于分离岗位是乙烯装置最重要、最复杂的岗位，内操所要关心的问题就更多，所要查看的画面、控制点都很多，加上乙烯装置经过24万吨扩能改造后有许多流程已经改变，有许多地方在流程图上都没有标注，为了尽早学会岗位，理解室内室外的联系，他不顾日晒风吹，每天拿着流程图在现场奔波，甚至夜班都能看到他忙碌的身影。功夫不负有心人，用了不到一个月的时间他就掌握了室外流程，能够熟悉地画出整个分离岗位的流程图，并清晰地记得每一个控制点和每一个控制指标。

接着，他又全身心地投入到室内的操作技能学习上，他对师傅们的讲解认真记录，仔细体会，非常珍惜每一次事故处理机会，主动请教，并开动脑筋，大胆创新，虚心听取师傅们的改进意见。同时认真研究操作规程，把学习计划确定到每一天，每周一总结，一月一考试。到岗位的第三个月，车间举办了岗位技能竞赛，彭远嘱取得了车间第一的好成绩，车间破格同意他独立顶岗。在顶岗期间，他细心操作，生产平稳，并超额完成了生产任务。在减少火炬气排放成绩显著，使火炬气中的乙烯、丙烯损失由原来的3%降到了1%以下，提出通过降低进冷箱裂解气的温度来降低丙烯、乙烯压缩机的负荷，使每班次高压蒸汽消耗量减少15吨左右，降低了能耗物耗，节约了能源。

在处理事故面前，他临危不乱，冷静思考。2008年3月17号，丙烯压缩机三段压力突然上升报警，同时彭远嘱发现乙烯精馏塔塔釜用三段来的气相丙烯加热量较平时明显减少，塔釜乙烯损失也增大了，他立即叫室外到现场检查换热器排不凝气是否畅通，在得知排不凝气正常后，他联系压缩岗位进行分析，在确定压缩系统没有异常后，他分析是分离岗位的原因，因气相丙烯在换热器中没有很好的冷凝吸热而导致压缩机超压的，经过推敲琢磨，他大胆提出可能是换热器内漏，轻组分增多而引起的，并向车间提出处理建议：通过换热器顶部取样化验来确定原因然后进行对症处理。车间通过研究决定立即采纳他的建议，最后判断果然是换热器的原因。正是因为他的细心和对平时所学知识的深入领会，避免了一起重大停车事故，挽回了重大的经济损失，保证了关键设备的安全运行。

经过几年不懈的努力，彭远嘱日渐成熟，他并不满足于在一个岗位取得的成绩，主动要求去学习分离热区岗位和压缩岗位，在不到一年的时间里他已完全能够胜任分离冷区室内、室外，热区和压缩室内室外三个岗位，并且将分离冷区、热区和压缩岗位的操作知识融会贯通，真正具备了多星级的岗位操作技能。由于工作出色，技术扎实，2007 年他被车间任命为班组运行工程师，担任班组日常的工艺技术管理和协助车间处理装置异常事故。在 2007 年公司举办的职业技能大赛中，他被授予“乙烯装置操作工优秀选手”称号，同时被选拔参加股份公司技能大赛，取得了较好的成绩。在 2007 年和 2008 年度石化厂举办的第二、第三届安全技能大赛中分别取得了第三名和第一名的好成绩，荣获 2008 年度石化厂技术大比武乙烯装置“第一名”；石化公司技术大比武乙烯装置“技术状元”并被破格晋升为高级工；2008 年度石化厂“先进个人”和公司“优秀师徒”荣誉称号。2009 年荣获兰州石化公司“学禁令，反三违”安全知识竞赛铜牌。同年参与发表QC 论文《提高乙烯精馏塔塔釜乙烷合格率》和《降低 GB-501 次高压蒸汽消耗》获得国优；2010 年获得中油股份公司加热炉技能大赛金牌。

彭远嘱不但在工作中发挥出色，而且从未放松对自己的要求。在平时，他严格遵守各项规章制度，认真出色地完成领导所布置的各项任务，能够主动地向领导请教，向同事学习，虚心地接受别人的意见，积极地学习钻研与工作有关的各种资料杂志来不断充实自己，不断提高自己的专业水平和岗位操作能力，努力成为具备高素质的青年劳动者和合格人才。

业余时间，他积极参加班组活动，与大家沟通交流，增进了与同事的了解，增强了班组的凝聚力，营造了班组和谐氛围。他深刻认识到，21 世纪是一个团队竞争的年代，一个集体具有较强的团队精神和协作意识是其制胜的关键。在与同事的密切配合中，渐渐形成了互帮互助、你追我赶的良好班风，切实发挥了班组在生产中的执行力和战斗力。

作为一名入厂不久的员工，他始终抱着一种感激的心态，感激社会、感激公司、感激分厂车间、感激身边的每一个人。同事有难处，他毫不推却，与同事共同克服；同事身体不好，他主动替同事完成工作，并对其关怀备至……因此也得到了更多同事的支持与关怀，这也应了公司领导的一句话：“当你只关心自己时，却发现很少有人在乎你；而当你只关心别人时，却发现有很多人在乎你。

土木伴文学

有人记得2006届土木工程系建筑工程管理专业毕业生燕君明吗？说不上。但兰州石化学院的院报肯定记着他。燕君明，2003年9月至2006年6月在学院土木工程系建筑工程管理专业学习，在校期间，他曾担任院报《朝花》副刊责任编辑、院报2004年首席学生记者、第一届系学生会文艺部长等职。2006年7月起，在福建、上海、天津等省从事建筑工程技术管理工作近5年；2011年5月被录用为国家公务员，曾任乡政府科员、平凉工业园区经济贸易发展局副局长，现为甘肃平凉工业园区综合办公室副主任、中国开发区协会联络员，在《天津日报》《北方经济时报》《平凉日报》《区域经济研究》等报刊发表文章多篇。

说起母校兰州石化学院，燕君明心里一直存有两种颜色，红为主色，蓝为配色。他说，他和他的同学结缘于石油化工，那巍巍的炼塔、高擎的火炬，那中国蓝领工人阶级的标志就是他人生起点的诠释。

土木工程，其建造工程设施的物质基础是土地、建筑材料、建筑设备和施工机具。借助于这些物质条件，就可以经济而便捷地建成既能满足人们使用要求和审美要求，又能安全承受各种荷载的工程设施，这是土木工程学科的出发点和归宿。

兰州石化学院土木工程系是在2004年设立的。成立时，既没有领导的揭牌仪式，也没有兄弟院校的剪彩祝贺，一切都在平静中进行。但在他们的视野里，金茂大厦、世博园、白云机场、虹桥机场和广州亚运会等这样标志性的建筑里，在国家重点工程大乙烯、炼油厂、高速公路等建设项目里，在经济适用房、棚户区改造这样的平民建筑里都留下了近几年来学院土木系毕业生的足迹。

虽然离开校园已经多年，但他们在另一个空间里依然精彩，那就是虚拟空间——互联网。

每每在这个班级，在这个“土木佳苑”QQ 群的同学们，有什么新的变化，谁在结婚生子，谁又去了外地，谁现在是干土建还是安装，母校又有哪些新的变化等等，这些事燕君明都知道，他每个月在 QQ 群里给大家更新一次同学录，每一段时间发一些照片、写一些文章，发一些共享资料，让大家在工作之余享受同学的真情，这就是他的情怀。利用现代化传媒来宣传学院，来凝聚友谊。

“人文之子”这个称呼是该班同学赐予燕君明的。2005 年，学院迎新征集各系的宣传横幅，土木系就有 5 条文字和图画入选，并在团委会议上得到好评，记得《以建筑祖师鲁班为蓝本、辅以东方明珠和高速公路》的油画得到会议最热烈的评议，被誉为“最与专业接近的图画”，而文字条幅“展开理想翅膀，锻就国家栋梁”“学本领，今日同窗；扭乾坤，明日栋梁”则很好地体现了专业精神。这些成果都出自燕君明之手，也因此同学戏称他是“人文之子”。

如果把时间追溯到 2003 至 2004 不到两年期间，他只是一名普通的学生，但走到大二或是大三，他不再是一名普通的学生了，他的心里装着一个组织——土木工程系。

随着土木工程系的成立，伴随着一系列工作都要从零开始，这个组织需要更多的同学脱颖而出或是毛遂自荐，而他就是第一个毛遂自荐的，第一时间参与组建了首届系团总支和学生分会，并成为系里的义务“信息员”，定期向学院门户网站和院报、电视台投稿。

2006年6月，他毕业了，他以自荐的方式在当地一家建筑公司找到工作。3个月后，回到学校参加了母校50周年校庆，在他看来，能够成为石化学院的校友是一种光荣，成为土木系的校友更是一种自豪，成为系里当时返校的为数不多的校友之一，并为母校捐资200元，这种特殊的情结，在当时刚毕业的同学中是尤为可贵的。

2007年底，燕君明建立了第一个以“土木佳苑”命名的QQ校友群，他转载学院校园网等新闻，及时宣传学校。这个群吸引了包括土木系老师在内的众多校友的参加，已发展和吸引各个时期的同学校友会员近300名，创建QQ群4个，得到了网友的广泛认同。

2008年10月，作为校企合作的“牵线媒人”，燕君明与天津海盛石化建筑安装工程有限公司人力资源部负责人一道，通过历时5天的发布公告、组织报名、笔试、面试、考察、调查等环节，从学院土木系、机械系遴选了11名应届毕业生。他又穿针引线促成了土木系主任于2008年10月份到中石化四建、天津海盛建安公司等企业进行考察回访毕业生，目前，在天津地区工作的土木系毕业生已达30余位，有的已经走上项目管理负责人岗位。

2009年3月18日，土木系撰写的汇报材料《采取顶岗实习，开展创业教育》在中国高职高专教育网“学会生存促进就业”就业专题上进行了刊载，这篇文章就援引燕君明的话作为结束语：“感谢母校教育了我，使我具备了市场需求的本领。我认为母校目前的培养方式最适合企业要求，所以我回来招聘师弟师妹们。”

生龙活虎的“院报记者”。燕君明上学时还有一个身份，那就是兼任《兰州石化职业技术学院报》学生记者，并在2004年4月，成为该报唯一的学生编辑，直到2005年10月中旬顶岗实习前，他一直担任该报首席学生记者、《朝花》副刊责任编辑，这期间，他采写了大量学院及系里的有价值新闻，像学生表彰大会、校运会、土木系广联达校企合作签字仪式等稿件，得到了师生的一致好评。在校3年内，他累计在校报刊发新闻通讯、报告文学等作品30余篇，近3万字，很好地在学生中间宣传了学院精神风貌和土木系的特点、特色，让同学们认识了这个新成立的土木系教学机构，也锻炼了自己的文笔，提升了自己的思想。

回报家乡的建设者。2011年5月，正当燕君明在建筑事业领域干得顺风顺水的时候，他突然选择了离开。经过甘肃省公务员考试，他回到泾川县泾明乡人民政府工作，从一个挣钱的工程师转向了乡政府干事，迎接他的是全新的工作和挑战。

在泾明乡工作期间，他和其他干部一起注册了犇旺肉牛、金牛肉牛、广丰果品、广源果品、天蓬生猪等5个农民专业合作社组织；他学习领会并执行"退路还市"政策，对乡果品蔬菜综合市场进行了多次衔接，完成了项目论证。在城乡居民社会养老保险工作中，反复研读有关研政策文件，扎实开展业务经办，在参保登记、表格电子化处理、档案规范化管理等方面做了大量具体的工作，这项工作年终考核为全县第三名，受到县政府的表彰奖励。2013年5月，他参加平凉工业园区面向全市公开选拔副科级领导干部考试，被委任为园区经济贸易发展局副局长。

在担任园区经济贸易发展局副局长后，分管统计科和办公室工作。统计工作紧紧围绕"为全面建成小康社会提供基础保障"这一目标，以提高统计服务质量为中心，从基础性的"学统计"入手，以"定基数、摸家底、勤沟通、树形象"为抓手，使统计的各项业务工作快速启动、逐步规范，为园区管委会正确决策发挥了积极作用。组织参与了党的群众路线教育实践活动，结合第三次全国经济普查，开展了"走百企·入千户·知园情"自选主题活动，衔接指导甘肃康博丝特新材料有限责任公司等13年企业报审入库，全年撰写各类信息30条、统计分析3篇、经济要情4期，理论文章《后发赶超　弯道超越　跨步迈入"国家队"——云南大理申报国家级经济技术开发区的启示与思考》被《区域经济研究》杂志采用。精心组织开展了园区第三次全国经济普查工作，全程推行“一竿子插到底”的运行模式，普查经济对象 1513 个，提前 20 天完成了登记任务，注重普查宣传工作，制作专题网站 1 个，发布政务微博 232 条，开展了“经济普查情·美丽园区梦”经济知识竞赛、“走百企·访千户·知家底”园区发展调研活动，经济普查圆满完成了国家数据验收工作。与此同时，还参加了国务院经普办举办的全国第三次经济普查事后质量抽查工作。园区经普办（经济贸易发展局）也于 2015 年 1 月被市经普办推荐为省级先进集体。由于出色的业绩，2014 年 6 月 28 日，燕君明终于成为一名中共预备党员，2014 年 12 月 2 日，他被园区党工委委任为园区综合办公室副主任。踏实的工作，勤奋的努力，换来了甘甜的收获。

到园区综合办公室工作后，燕君明主要负责政务工作，新的工作就要学习新的知识，他更加注重调查研究、政策学习和文稿撰写等知识，他提出强化“四项职能”和“三个服务”等功能，圆满筹办了两次管委会主任办公会和一次党工委会议。把园区综合办公室打造成园区党工委、管委会的坚强前哨和坚固的后院，这是燕君明的目标。

除此之外，他还积极开展十三五规划课题研究工作，参加了省开发区组织的全省开发区 2013 年度工作考核，参与筹备了全省重大项目观摩暨开发区工作会议，主导推动园区加入了中国开发区协会，他自己担任了园区联络员，并光荣地出席了中国开发区协会五届三次理事会，参加了协会组织的国家级经济技术开发区 30 周年座谈会、《国家级经济技术开发区转型升级创新发展的若干意见》讨论会等系列活动。开阔了眼界，积累了知识。

2006 年 10 月，燕君明以《安全的心》一文在平凉市安全生产监督管理局举办的平凉市“安全生产”有奖征文大赛中荣获一等奖，与时任中共华亭县委书记樊得智、平凉交警大队队长李业辉等领导同台受奖。

2008 年 10 月，燕君明《建设者之歌》一文在《北方经济时报》举办的“天津滨海新区纪念改革开放 30 周年大型图文征集活动”中喜获“优胜奖”，同时在《天津日报》《北方经济时报》《今日大港》等报刊上发表，并与一同获奖的46篇文章结集成《岁月如歌》正式出版发行。

2009年6月，《中华建筑报》在“情系大乙烯　建功新滨海”专刊上发表了燕君明的《滨海新区绘蓝图　海盛建安铸精品》长篇通讯，深刻反映公司参建国家级重点工程——天津石化100万吨/年乙烯及配套项目的感人事迹。

岁月悠悠，文缘情深。燕君明和文学的渊源可谓长远而深厚，值得珍惜。今后，倘若有所读、所思、所感的话，他当会不吝笔墨纸张反映出来，为土木的明天办得更好而添砖加瓦。至情至深，建筑人生。他在学校学得的建筑知识和获得的人生启迪将助推他在追求理想的路上走得更远更快。如果每一幢建筑都有灵性的话，那么每一位农民工都是值得尊敬的。在建筑的世界里启航，因为前面还有很多荒凉，用我们辛勤的汗水，浇筑坚实的砼。铸就精品工程，建设美好家园！心有多大，舞台就有多大！祝福学院土木工程系。

尾声

改革开放30多年来，中国职业教育实现了重大突破，已经建立了世界上最大规模的职业教育体系，从1978年到2012年的30多年间，职业教育业已累计为国家输送了2亿多高素质劳动者和技能型人才。职业教育在服务中求发展，在基本完善的法律制度体系下，建立起世界上最大规模的职教体系，同时探索了灵活多样的办学模式，确立了覆盖广泛的学生资助体系，走出了一条中国特色的职教发展道路。职业教育在推进经济发展、社会进步，实现社会公平，传承民族文化等方面做出了七项巨大贡献：一是助推经济增长，7265万技术技能型人才走向经济建设主战场；二是提高就业能力，中职就业率达到95%以上，高职就业率达到87%以上；三是促进社会公平，90%中职生和20%高职生享受国家资助；四是优化教育结构，中高职分别占据高中阶段教育和普通高等教育的两个“半壁江山”；五是服务“三农”发展，“十一五”期间，各级各类职业教育开展农村劳动力转移培训1.85亿人次；六是推进区域发展，60%以上毕业生当地就业；七是传承民族文化，开设50多种民族文化和民间工艺特色专业，造就一大批文化传承者。

高等职业教育在使我国高等教育大众化、普及化并深入至地市一级地区方面发挥着主导作用，也对所在地域及其社区的文明建设做出了较大贡献。从全日制学生数量统计来看，2011 年全国高等职业学校毕业生 329 万人，在校生总数达 960 万。麦可思调查数据显示，88.1%的 2011 届高职毕业生为家庭第一代大学生，并且连续三届稳定在这一比例。按照此比例推算，近三年高等职业教育为全国近 850 万家庭实现了高等教育学历“零”的突破，实现了教育代际向上流动，对于国家和民族的未来有着重要的意义。2011 届高等职业学校毕业生半年后的就业率为 89.6%，与本科毕业生的就业率基本接近，实现连续两届较快增长。2011 届高职院校毕业生毕业半年后平均月收入为 2482 元，实现两届连续上升，比 2009 届上升了近三分之一。

2012 年，在酒泉举行的甘肃省高职院校特色专业建设现场观摩会上，甘肃省副省长郝远表示，甘肃省高等职业教育近十年来为国家培养了近 20 万各类专门人才，成为该省培养高技能人才的主力军，为加快发展甘肃省新型工业化、城镇化和现代化进程提供了重要的人力资源保证。就是在这次会议上，张方明代表兰州石化职业技术学院做了大会重点发言，受到了与会者的追捧。

实践是检验真理的唯一标准。当时代的列车进入到 21 世纪的今天，共和国总理李克强在国务院常务会议上大声疾呼：“‘中国制造’的主要差距就是职业人才的差距。”“我们最缺乏的正是这样的高级技工。”“要发展与市场相匹配的职业教育、培养与市场相匹配的职业人才，形成‘不唯学历凭能力’的社会氛围。”“制造产品主要靠职业人才，但我们与发达国家的差距还很大!”总理的大声疾呼说明了什么？说明了“中国制造”在国际上屡遭诟病的症结所在，说明了国家工业化大发展对“职业人才”的渴求，说明了现在盲目追逐文凭而漠视“职业人才”的严重后果……总理所说的“职业人才”，就是指企业的技术工人，即“大国工匠”，这方面的人才，不仅要有技术，更要有一种职业理念。回溯60年来的历程，我们可以想象兰州石化职业技术学院培养的“职业人才”在祖国建设的各个时期所发挥的独特作用是多么的重要啊！兰州石化职业技术学院一路走来，不仅开拓了新中国工业职业教育，还为国家培养了10万余名“大国工匠”。

兰州石化学院与祖国共奋进，与时代同发展，与人民齐奋斗。

60年来，学院的每一点进步，都与祖国众多产业工人和甘肃人民的创造分不开。

60年来，祖国的每一点成长，兰州石化职业技术学院都倍加珍惜，几代人的孜孜不倦，汇入了国家建设波澜壮阔的历史画卷。

其实，我们每一个人都有身心疲惫的时候，都有需要温暖的时候。这个时候，请你想想我们的历史，阅读历史是“抱团取暖”的最好方式。先贤们的向往像火种，播撒在我们后来者身上并得以延续，这是一条永不枯竭的血脉，更是一种召唤，一种信仰。每当仰望先辈时，我总会有一种责任，我仿佛看见那激情燃烧的年代里，先辈们一片汗水，一碗黄泥水，一块补丁叠加着的补丁……兰州石化职业技术学院60年的历史，就是这样一部自强不息、艰苦奋斗的创业史，由此而形成的石化学院精神，必将成为感召和激励学院人奋发进取、改革发展的重要精神财富。石化学院在实现中华民族伟大复兴中国梦的征程中，必将会继续镌刻建设幸福美好的历史丰碑!

无边岁月奔流过，时代风云望眼收。

溯源流，辨优劣，明得失，述心得。写典型，学典型，写先进，学先进。一路写来，从历史中“还原”和“恢复”出鲜活的气息，使我在感动中成长，在震撼中前行。先贤们在疾苦中向上，奉献者在艰辛中努力，我们还有什么理由来抱怨、懈怠我们的工作呢?

重熙累绩，饮水思源，我心头有热流在涌动。

目视远方，正如哲人所言：“站在新的历史起点上，面对我国经济发展新常态下的新特征、新趋势，我们比以往任何时期都要更加凝聚共识，都要更加解放思想。在观念上要适应，在认识上要到位，在方法上要对路，在工作上要得力。”当中国梦再度启航时，每个中国人就都成了梦想的主角，涓流汇海、聚沙成塔，石化学院人也在一步一个脚印去丈量自己的梦想，静水流深启云帆，为中华民族伟大复兴的梦想担负起自己的时代使命；当“中国梦”唤起这片土地上每一个中国人的梦想时，石化学院力求在多元中立主导，在多样中谋共识，在多变中求发展。

时下，尽管高职教育正在发生着剧变，未来，尽管高职教育要全面实行自主招生，尽管我国的高职教育仍然在探索中前行，但兰州石化学院已经披坚执锐、以质图强，相信在下一个60年，她会有更大的作为，也会出落得更加耀眼迷人！这就是我国石化工业职业教育长子的使命和担当，也是石化学院人的梦想与追求。